Günter Schenk

Glücksorte am Mittelrhein

Fahr hin und werd glücklich

Droste Verlag

Zu den Glücksbringern bei der Produktion des Buches gehörten Uli und Aiden, die mich bei vielen Recherchen begleiteten.

Liebe Glücksuchende,

es sind zwei Nebenflüsse, deren Mündungen den Mittelrhein begrenzen. Im Süden die Nahe, im Norden die Sieg. Oder anders ausgedrückt: Bingen und Bonn. Dazwischen liegt eines der schönsten Täler Europas. Eine Landschaft wie aus dem Bilderbuch – mit Schlössern und Burgen, wie man sie so dicht aneinander sonst kaum noch findet! Eine Kulturregion ohne Beispiel, die Kaiser und Päpste, Kanzler und Könige faszinierte. Und zahlreiche Menschen, die am Rheinufer bis heute ihre Seele baumeln lassen. Glücksucher aus allen Regionen der Welt!

Auch ich habe viele schöne Stunden und Tage am Mittelrhein verbracht, bin als Journalist mit Staatslenkern wie dem US-Präsidenten an der Loreley vorbeigeschippert – oder zu Fuß auf den Höhen am Ufer entlanggewandert. Und manchmal war ein Fläschchen Wein Begleiter, das den Lärm der Züge, Autos und Schiffe im Tal oft vergessen ließ. Für mich ist der Mittelrhein ein natürliches Gesamtkunstwerk. Eine Melange aus Farben und Formen, die immer wieder Neues bietet, je nach Jahres- und Tageszeit. Einiges habe ich bei der Recherche zu diesem Buch ganz neu entdeckt – zum Glück für Sie! Und noch größeres Glück ist, dass die meisten Glücksorte zum Nulltarif zu haben sind!

Ihr Günter Schenk

Deine Glücksorte ...

… noch mehr Glück für dich

Unterwegs mit Goethe

1 *Mit dem Schaufelradschiff ab Koblenz*

Nostalgie in R(h)einkultur: Eine Schifffahrt mit der Goethe lässt Herzen höherschlagen. In der Saison ist die alte Schiffsdame täglich zwischen Koblenz und Rüdesheim unterwegs: morgens hin und nachmittags zurück. Mit einem Tempo wie aus der Postkutschenzeit, maximal 14 m/h zu Berg und fast doppelt so schnell zu Tal.
4 Meter sind die Seitenräder hoch, an die jeweils acht 3 Meter breite Radschaufeln montiert sind, angetrieben von starken Hydraulikmotoren aus Schwedenstahl. 150 Liter Diesel verbrauchen sie stündlich. Als das Schiff im Juli 1913 vom Stapel gelassen wurde, feuerte man noch mit Kohle. Offen war damals der Ruderstuhl, der Kapitän damit Wind und Wetter ausgesetzt.
Gut 5 Meter länger und 5 Zentimeter breiter ist die Goethe seitdem geworden. Schon Mitte der 1920er-Jahre wurde sie zum Salondampfer veredelt, der zwischen Köln und Mainz bis zu 2400 Fahrgäste befördern durfte. Ende des Zweiten Weltkriegs aber versenkten ihn amerikanische Tiefflieger im Rhein.
In den Nachkriegsjahren wurde die Goethe gehoben, restauriert und 1953 wieder in Dienst gestellt – bis der Dampfkessel so marode war, dass man das Schiff stilllegte. Allenfalls als Kulisse für Kriminalkomödien mit Willy Millowitsch oder Mario Adorf war der Pott jetzt noch gut! Schließlich aber möbelte man die Goethe für 13 Millionen Mark wieder auf und stellte die Dampfmaschine unter Denkmalschutz. Die Umstellung des Schiffsantriebs von Kohle auf Diesel war freilich auf Dauer nicht aufzuhalten.
Heute hat der Kapitän auf der Goethe längst ein Dach über dem Kopf, hilft ihm modernste Technik durch die Engstellen des Mittelrheins. Auch sonst ist das Schiff fürs digitale Zeitalter gerüstet. Vier nostalgische Salons verströmen aber noch immer den Charme der Goldenen Zwanzigerjahre. Und noch immer geht der Ton der Schiffssirene, der zum Ablegen erklingt, durch Mark und Bein!

TIPP Die Goethe fährt täglich (Ende Apr.-Anfang Okt.) um 9 Uhr ab Koblenz, zurück von Rüdesheim um 16.15 Uhr.

Dampfer Goethe, KD Rhein Main, Schiffsanleger: Konrad-Adenauer-Ufer, 56068 Koblenz, und Rheinstraße, 65385 Rüdesheim
ÖPNV: RB, Koblenz Hauptbahnhof bzw. Rüdesheim Bahnhof

Herzliche Puppenstube

2 *Café Zeitgeist in Boppard*

Auf dem Tisch steht ein Latte macchiato, daneben ein Teller mit einem Stück dunklem Schokoladenkuchen. Dazu grüßt in einer kleinen Vase eine duftende Blume. Unterm Tisch schlappt der Hund frisches Wasser aus dem Napf. Es ist Kaffeezeit in Boppard. Gelegenheit, im ältesten Fachwerkhaus der Stadt haltzumachen: einem Prachtbau aus dem frühen 16. Jahrhundert. Liebevoll hat man ihn in den letzten Jahren restauriert – zum Café Zeitgeist aufgemöbelt.

Vor dem Haus, in der für Autos gesperrten Gasse, gibt es ein paar Tische für Frischluftfanatiker mit Blick auf die mächtige Severuskirche. Gleich um die Ecke fließt der Rhein. „Betritt unser Haus ohne Falschheit und List, dann nehmen auch wir dich so auf, wie du bist", verheißt ein Spruch auf den Fachwerkwänden. Verwinkelt sind die Innenräume des Cafés, so wie in mittelalterlichen Anwesen eben üblich. Das Ganze hat die Herzlichkeit einer Puppenstube. Holzboden und passende Deckenbalken verströmen Gemütlichkeit.

„Dem Genuss verpflichtet": Diesen Leitspruch verfolgt man in dem kleinen Café. Und weil die Chefin leidenschaftlich gern backt, sind die hausgemachten Kuchen sehr gefragt. Nicht nur für eine Pause im Café, sondern auch für zu Hause, wie man an den Besuchern sieht, die sich mit Kuchen- und Tortenstückchen auf den Heimweg machen. Die kleine Karte bietet Kaffee- und Teespezialitäten – und Frühstück den ganzen Tag. Ganz einfach mit Brötchen, Toast und zwei verschiedenen Marmeladen. Oder opulenter mit Wurst, Käse und Eiern von Freilandhühnern. Laktosefreie Milch gibt es, sogar veganen Brotaufstrich.

Eine Tafel am Eingang hat aufgelistet, was das Leben schöner machen kann: Liebe, Zeit, Träume, Freude – und natürlich Glück. In Boppard scheint es die Chefin mit ihrem Café gefunden zu haben. „Bis zum nächsten Mal", gibt sie mir mit auf den Weg nach Hause.

Café Zeitgeist, Untere Marktstraße 10, 56154 Boppard, Tel. (0 67 42) 8 96 78 00

ÖPNV: RB, Boppard Bahnhof

Kuchen is(s)t Glück

Erlebnis für Alt und Jung

3 *Im Kletterwald Sayn*

Hoch hinaus wollen viele. Im Brexbachtal ist das für fast jeden möglich. Dort liegt mitten im Wald, nur ein paar Fußminuten hinter der Abteikirche im Bendorfer Ortsteil Sayn, ein schöner Kletterparcours: 140 Stationen, die es mithilfe von Muskelkraft und Seilen zu erobern gilt. Ein luftiger Abenteuerspielplatz für Jung und Alt!
Angst braucht keiner zu haben – auch in 22 Meter Höhe nicht, wo manches Herz schon mal höherschlägt. Geschulte Trainer achten darauf, dass jeder nur bestens gerüstet auf Klettertour geht. Dazu gehören wetterfeste Kleidung und passendes Schuhwerk. Sandalen bleiben am besten am Boden! Spezielle Sicherungssysteme verhindern Abstürze und Unfälle. Und sein Tempo bestimmt jeder selbst – auch den Schwierigkeitsgrad, mit dem der Kletterer den Seilparcours mit seinen Brücken, Netzen und Leitern angeht.
Früh übt sich im Brexbachtal, wer ein Meister werden will. Schon ab dem vierten Geburtstag und einer Greifhöhe von 1,20 Meter ist man auf dem Kinderparcours willkommen. Ab 6 Jahren steht dann der richtige Parcours zum Klettern offen. Kinder bis zum zwölften Lebensjahr muss jedoch immer ein Erwachsener direkt oder indirekt begleiten, weil das gesamte Sicherungssystem eine Greifhöhe von 1,60 Meter verlangt.
Die Tour durch den Kletterwald, für die einen engagierter Freizeitsport, für andere das Selbstbewusstsein stärkende Mutprobe, ist vor allem auch eine Auseinandersetzung mit der Natur. Sie verlangt keine überdurchschnittliche Fitness, aber Respekt vor dem Wald. Darüber lässt sich trefflichst in der Almwirtschaft sinnieren oder auf einem der zahlreichen Picknickplätze, wo man seine eigene Brotzeit mitbringen kann.
Der Kletterwald ist gewöhnlich von Ende März bis Anfang November geöffnet. Die Eintrittspreise richten sich nach der Dauer des Aufenthaltes. Die Einweisungen in den Kletterkurs starten alle 30 Minuten.

Kletterwald Sayn, Im Brexbachtal, 56170 Bendorf/Sayn, Tel. (0 26 22) 9 86 92 60, www.kletterwald-sayn.de

ÖPNV: Bus 8 ab Koblenz Hauptbahnhof, Haltestelle Schloss Sayn (rund 20 Minuten Fußweg)

Fußmarsch zu einer Ruine

4 *Die Wernerkapelle zu Bacharach*

Auch Ruinen können Glück ausstrahlen – vorausgesetzt man weiß, was sich um die jahrhundertealten Mauern einmal abgespielt hat. So wie in der Wernerkapelle, an der man gewöhnlich auf dem schweißtreibenden Fußmarsch aus Bacharachs Altstadt zur Burg Stahleck vorbeikommt. Eine Perle rheinischer Gotik war das Gotteshaus einmal. Ein Hort des Glaubens mit Fenstern, deren Größe sich heute nur noch ahnen lassen. Jahrhundertelang war die Wernerkapelle Wallfahrtsort, Erinnerungsstätte an Werner von Oberwesel (1271–1287), den Juden angeblich bestialisch ermordeten. Schon im Mittelalter führte diese Erzählung zu Massakern an jüdischen Bürgern. Heute freilich glaubt die Wissenschaft, dass man damals einen Sexualmord an dem Teenager vertuschen wollte, indem man ihn den Juden in die Schuhe schob.
Als „guter Winzerknabe“, also als rechtschaffener Bürger vom Rhein, wurde Werner zwischen Bingen und Koblenz verehrt, wo er als einer der sieben Weinheiligen galt. Zwar mühte sich der Staat schon früh, Werners wirkliche Mörder zu bestrafen, seine Verehrung als Märtyrer aber konnte das nicht aufhalten. Der Ausbau seiner Kapelle hoch über Bacharach scheiterte letztlich nur, weil den Bauherren das Geld ausging. Ende des 17. Jahrhunderts, die Wallfahrten zur Wernerkapelle hatten inzwischen nachgelassen, zerfiel das Bauwerk mehr und mehr – bis schließlich nur noch die heutige Ruine übrig blieb.
Zum Glücksort wurde sie für mich aber erst, als sich der Papst für die Taten von einst entschuldigte. „Wir erkennen heute“, schrieb Johannes XXIII. – nachzulesen auf einer Gedenktafel – „dass viele Jahrhunderte der Blindheit unsere Augen verhüllt haben, sodass wir die Schönheit deines auserwählten Volkes nicht mehr sehen und in seinem Gesicht nicht mehr die Züge unseres gestorbenen Bruders wiedererkennen … Vergib uns den Fluch, den wir zu Unrecht an den Namen der Juden hefteten. Vergib uns, dass wir dich in ihrem Fleische zum zweiten Mal ans Kreuz schlugen. Denn wir wussten nicht, was wir taten.“

Ruine Wernerkapelle, 55422 Bacharach
www.bacharach.de
ÖPNV: RB, Bacharach Bahnhof

Aug' in Auge mit dem Teufel

5 *Die Clemenskapelle zu Trechtingshausen*

Manches Juwel fällt schnell ins Auge. So wie die einstige Pfarrkirche von Trechtingshausen – eine spätromanische Basilika unweit der Burg Reichenstein. Touristisch findet die Kirche kaum Beachtung, weil sie ihre schönste Seite zum Rhein streckt. Am besten ist sie vom Schiff aus zu sehen. Angeblich soll sie ein Flößer erbaut haben, der in schweres Gewitter geraten war. Als sein Floß an den Felsen im Rhein zu zerschellen drohte, gelobte er in höchster Not, dort wo sein Floß heil lande, eine Kirche zu bauen. Ein Jahr später hatte Trechtingshausen so seine Clemenskapelle.

Im 13. Jahrhundert soll das gewesen sein. So alt jedenfalls ist das Gotteshaus, das heute als Friedhofskapelle dient. Den Schlüssel zum Kirchenbesuch hat eigentlich immer jemand im Ort, der das Kirchlein nach Absprache auch gern öffnet. Drinnen nämlich gibt es neben einem neugotischen Kirchengestühl ein paar Grabsteine mit Inschriften aus der frühen Neuzeit zu besichtigen.

Die eigentlichen Juwelen in der Clemenskapelle aber sind ein paar Bankreihen an der Seite. Sie sind der Rest eines Chorgestühls aus dem frühen 16. Jahrhundert – ein aus Holz geschnitztes Kleinod. Sofort ins Auge fallen die Kirchstuhlenden, wo unter anderem ein Affe mit einem Drachen zu spielen versucht.

Die schönsten Schnitzereien aber sind unter den Klappsitzen versteckt: Teufel, Narren und andere Gestalten. Figuren, die in einer Kirche eigentlich nichts zu suchen haben, sodass ihre Schöpfer sie gern vor dem Kirchenvolk versteckten. Es war die perfekte Gegenwelt zu all den Heiligenfiguren, Jesus- und Mariendarstellungen sonst in den Kirchen. Nur ein paar Auserwählte durften die Sitze gewöhnlich hochklappen – und so auch mal dem Teufel direkt ins Auge schauen. Das können Sie auch heute noch, große Angst brauchen Sie aber keine mehr zu haben!

Clemenskapelle, 55413 Trechtingshausen
www.trechtingshausen.de
ÖPNV: RB, Trechtingshausen Bahnhof

Cabriospaß auf der Schiene

6 *Mit dem Vulkan-Express in die Eifel*

Eisenbahnnostalgie vom Feinsten: Lassen Sie sich bei Tempo 20 den Wind um die Nase wehen! Möglich macht das der Vulkan-Express von Brohl nach Engeln, vom Rhein in die Eifel sozusagen. Ein offener Sommerwagen garantiert Panoramasicht. Und manchmal ist neben den zwei Dieselloks auch das alte Dampfross im Einsatz, das schon vor über 100 Jahren auf der Strecke Dienst tat und heute als technisches Kulturdenkmal unter Denkmalschutz steht. Ein fauchender Moloch aus Eisen und Stahl, der feurige Kohle schluckt.

Schon Mitte des 19. Jahrhunderts reifte der Gedanke, das Brohltal per Schiene zu erschließen. Aber erst im Frühjahr 1898 nahmen die Pläne Gestalt an. Der Grund waren die Kosten für den Bau der kurvenreichen Strecke. Deshalb entschied sich der Bauherr, die Spurweite zu verkleinern und die Schmalspurbahn auf der Steilstrecke ab Oberzissen mit Zahnradantrieb auszustatten. Erst ab 1926 konnten leistungsstarke Lokomotiven und Triebwagen die Strecke ohne Aufstiegshilfe nutzen, sodass die Zahnstange 1934 demontiert wurde.

TIPP Im Sommer verkehren die Züge täglich (außer Mo.). Den Rest des Jahres gibt es Sonderfahrten.

Genutzt wurde die Bahn vor allem im Güterverkehr, zum Transport von Steinen aus den Vulkanregionen der Eifel zum Rhein. Umgekehrt schafften die Züge Kohle und Düngemittel in die Gegend. Der Personennahverkehr war kaum der Rede wert und wurde deshalb 1961 eingestellt, auch der Güterverkehr ließ nach.

Aufgeben aber wollte man die Bahn nicht, um deren Zukunft politisch hart gerungen wurde. Heute schafft sie vor allem im Sommer Ausflügler und Naturliebhaber von Brohl nach Engeln – 18 Kilometer bergauf über Viadukte und durch einen knapp 100 Meter langen Tunnel. Für Fußgänger bieten sich von den Bahnhöfen der Brohltalbahn schöne Wanderungen zum Laacher See oder ins Ahrtal an. Und Radler können von der 465 Meter hoch gelegenen Endstation in fast alle Richtungen bequem zu Tal rollen.

Vulkan-Express, Kapellenstraße 12, 56651 Niederzissen, Tel. (0 26 36) 8 03 03
www.vulkan-express.de
ÖPNV: RB, Brohl bzw. Engeln Bahnhof

11

Mittelalter erleben!

7 *Auf der Stadtmauer in Oberwesel*

Es ist ein Spaziergang, der Freude macht. Treppauf und treppab, hoch und runter. Und dann wieder ein Stückchen geradeaus. Über Holzbalken, Schieferplatten und Steine, zwischen denen sich Blumen und Gräser manchmal mühsam Platz geschaffen haben. Oberwesels alte Stadtmauer ist vor allem für Familien mit Kindern ein Glücksort. Ein Weg mit Ausblick, gesäumt von mächtigen Türmen wie dem Ochsenturm ganz im Norden. Vor allem aber ein Stück Mittelalter zum Anfassen. Reales Erleben jahrhundertealter Geschichte. Ein touristisches Pfund, mit dem die Stadt heute wuchert.

Mit ihren noch erhaltenen 16 Türmen ist die Stadtmauer der mächtigste Ringwall am Mittelrhein. Wuchtiges Zeugnis einer Zeit, in der sie Oberwesels Bürger nicht nur vor Eindringlingen, sondern auch vor Hochwasser und Treibeis schützte. Schließlich floss der Rhein fast direkt an ihrer Ostflanke entlang. In den letzten Jahren wurde der einst 2,5 Kilometer lange Mauerring gründlichst saniert. Einige der ursprünglich einmal 22 Türme stehen jetzt Besuchern offen – auch wenn es manchmal schon ein bisschen Mühe macht, die steilen Treppen zu erklimmen.

8 bis 16 Meter ist Oberwesels Stadtwall hoch, zu dessen Besonderheiten auch in die Mauer eingelassene Kapellen und Glockentürme zählen. Wehrarchitektur nennen das die Kunsthistoriker. Besonders eindrucksvoll ist die Wernerkapelle in die Stadtmauer integriert, die inzwischen der 2008 seliggesprochenen Mutter Rosa geweiht ist, einer ehemaligen Franziskanerschwester.

Den Besuch der Stadtmauer kann man mit einer Stippvisite der Liebfrauenkirche verbinden. Sie gehört zu den schönsten gotischen Kirchen am Mittelrhein. Prunkstück im Inneren ist der aus Eichenholz geschnitzte sogenannte Goldaltar. Seine 28 in zwei Reihen übereinanderstehenden Figuren zeigen die Heilsgeschichte vom Sündenfall bis zur Krönung Mariens.

Stadtmauer in Oberwesel, 55430 Oberwesel
www.oberwesel.de
ÖPNV: RB, Oberwesel Bahnhof

Buga

Dinieren im Kulturbahnhof

8 *Das Interieur no. 253 in Rolandseck*

Bahnhofsrestaurants gehörten einmal zu den gastronomischen Leuchttürmen. Das aber ist lange her. Das galt in Zeiten, als es noch keine Autos gab und man oft länger im Bahnhof auf seinen Anschlusszug warten musste. Da blieb viel Zeit zum Essen! Ein bisschen kann man das heute noch im Remagener Stadtteil Rolandseck spüren: In seinem Mitte des vorletzten Jahrhunderts gebauten Bahnhof, dem vielleicht schönsten am Mittelrhein, der deshalb auch längst unter Denkmalschutz steht. Dahinter liegt der Neubau des inzwischen weltbekannten Arp Museums: ein Werk des amerikanischen Stararchitekten Richard Meier, der mit seinem Gebäude den passenden Rahmen für die meist gerundeten Werke des Künstlers Hans Arp (1886–1966) schuf.

Lange Zeit war der Bahnhof Rolandseck Endpunkt der Eisenbahnlinie aus Köln, wo die Reisenden Richtung Süden in die Kutsche oder wie die meisten auf Dampfschiffe umstiegen – von der englischen Königin Viktoria über die Brüder Grimm bis Friedrich Nietzsche. Manche wie der Dramatiker und Literaturnobelpreisträger George Bernhard Shaw machten den Bahnhof sogar zur Kulisse ihrer Theaterarbeit.

Im Nachkriegsdeutschland aber hatte der Bahnhof kaum noch Bedeutung, man wollte ihn sogar abreißen. Schließlich wurde er zum Kunstbahnhof, in dem Künstler wie Oskar Kokoschka, Günther Uecker oder Hans Richter ausstellten. Ausgestattet mit Millionen vor allem staatlicher Gelder entstand so im Norden von Rheinland-Pfalz ein neues kulturelles Aushängeschild des Landes. Die Ausstellungen in Rolandseck, gewöhnlich moderner Kunst gewidmet, genießen auch heute noch großes Renommee. Zu punkten aber weiß der Kulturbahnhof auch kulinarisch. Im ehemaligen Erste-Klasse-Wartesaal trinkt und speist man unter Kristallleuchtern und Stuckdecken. Interieur no. 253 heißt der Ort zum Verwöhnen. Ein Glücksort, in dem sich Kultur und Kochkunst begegnen. Bauch und Herz sozusagen, die den Menschen ausmachen!

TIPP

Sehenswert sind die Gästetoiletten des Bahnhofs – gestaltet vom britischen Maler Stephen McKenna.

interieur no. 253, Restaurant, Bar, Café im Arp Museum, Bahnhof Rolandseck, Hans-Arp-Allee 1, 53424 Remagen, Tel. (0 22 28) 91 11 11, www.interieur-no253.de

ÖPNV: RB, Rolandseck Bahnhof

Grünkraft als Lebenselixier

9 *Der Hildegarten in Bingen*

Insekten und Schmetterlinge sind im Hildegarten Stammgäste. Direkt am Rheinufer dokumentiert ein kleines, mit Heilpflanzen bestücktes Gärtchen die magische und heilende Kraft mittelalterlicher Gewächse. Es ist ein grünes Paradies, über das die Klostermedizin ihr Füllhorn ausgeschüttet hat. Ihr Fundament ist die antike Lehre der Säfte: Solange sie sich im Gleichgewicht befinden, gilt der Mensch als gesund – wenn nicht, als krank.

Das war auch der einst hier lebenden heiligen Hildegard bewusst. So empfahl sie etwa Glühwein gegen Blasenschwäche. Lungenkranken legte sie zerstoßene Hagebutten ans Herz. Die gelben Blüten der Königskerze sollten Gemütskranken helfen. Hauterkrankungen suchte Hildegard mit Katzenminze zu lindern, die man in Brot verbacken oder mit Brei vermengt essen sollte. Und gegen Ausschlag schwor die Ordensfrau auf Ziegenmilch und zerstoßene Lilienblätter.

Besonders umfangreich waren Hildegards Ratschläge zu Frauenleiden, Schwangerschafts- und Geburtsproblemen. Selbst die strengen Moralvorstellungen der damaligen Zeit, die Sex mit sündhafter Begierde verknüpften und hinter der Libido den Teufel wähnten, schlugen sich in Rezepten nieder. Wenn einer Frau „die Gebärmutter schwillt, sodass sie sich nicht enthalten kann, dann bereite sie mit Stachellattich ein Schwitzbad".

TIPP Neben dem Hildegarten lockt das Museum am Strom mit verschiedenen Ausstellungen.

Umgekehrt wusste Hildegard aber auch um die aphrodisierende Wirkung der Grünkraft. „Das Benediktenkraut ist warm, wenn jemand es isst oder in einem Trank einnimmt, entzündet es in ihm brennende Begierde." Die aber konnte der Saft des Wegerichs wieder bremsen, den man verabreichen sollte, „wenn ein Mann oder eine Frau einen Liebeszauber gegessen oder getrunken hat, durch den er oder sie in schändlicher Liebe entbrennt". Genügend Stoff für Gespräche jedenfalls liefert die Heilige so, die man auf den Bänken im Hildegarten noch vertiefen kann!

Hildegarten, Museumstraße, 55411 Bingen
ÖPNV: RB, Bingen Stadtbahnhof

Wehe, wenn sie losgelassen

10 *Weiberfastnacht in Mülheim-Kärlich*

Eine knappe Woche vor Aschermittwoch ist ganz Mülheim aus dem Häuschen. Dann regieren die Möhnen das Dorf nahe Koblenz. Angeblich ist in der Doppelgemeinde Mülheim-Kärlich der größte Möhnenverein Deutschlands zu Hause, dessen höchster Feiertag der Schwerdonnerstag ist. So jedenfalls nennen sie den Tag der Weiberfastnacht hier. Ein Name, der daran erinnern soll, dass vor der anstehenden Fastenzeit früher unter anderem Eier und Fett verbacken werden mussten, die man ab Aschermittwoch nicht mehr verzehren durfte.

Dass die Weiberfastnacht am unteren Mittelrhein besonders lebendig ist, liegt am Bonner Vorort Beuel, wo man die organisierte Weiberfastnacht 1824 aus der Taufe hob. Schon lange vorher gab es die sogenannten Weiberzechen, die selbst in den Klöstern des Rheinlands gefeiert wurden. Ihren größten Schub aber fand die Weiberfastnacht zwischen Bonn und Koblenz in den 1930er-Jahren, als überall neue närrische Damenclubs entstanden.

Einer der Gründe dürfte gewesen sein, dass die Nationalsozialisten damals darauf drängten, alle bis dahin mit Männern besetzten weiblichen Rollen im Karneval Frauen zu überlassen. So wird das Mülheimer Weibervolk vom Möhnenpaar regiert: von der Obermöhn und dem sogenannten Möhnerich. Sie sind die närrischen Regenten wie sonst im Karneval Prinz und Prinzessin.

Demoskopen wollen herausgefunden haben, dass Frauen sich zu Karneval mehr und lieber schminken und verkleiden als Männer. Dem großen Weiberaufmarsch am Schwerdonnerstag sieht man das jedenfalls an. Unbeschreiblich ist seine Farbenpracht, augenfällig die Vielfalt der Kostüme. Es ist die sprichwörtliche rheinische Lebensfreude, die hier überschäumt: ein Elixier der Lust. Und weil die Frauen hier statt der Männer den Ton angeben, ist Mülheims höchster Feiertag auch weniger alkoholgeschwängert als die von Männern dominierten Narrenparaden.

Weiberfastnacht in Mülheim-Kärlich, 56207 Mülheim-Kärlich
www.muelheimermoehnen.info
ÖPNV: Bus 370 ab Koblenz Busbahnhof (vor dem Hauptbahnhof), Haltestelle Mülheim-Kärlich, Rathaus

Neogotisches Prunkstück

11 *Schloss Arenfels in Bad Hönningen*

Unter Brautpaaren ist Schloss Arenfels eine der ersten Adressen am Mittelrhein und allein deshalb als Glücksort prädestiniert. Ein bisschen sagenumwoben jedenfalls sieht das Schloss schon aus, wenn man sich ihm von der Stadt aus nähert. Dazu passt auch die Geschichte von seinen 365 Fenstern, 52 Türen und zwölf Türmen, die man sich hier in der Gegend gern erzählt. Sie seien vor langer Zeit einmal Symbol für das Jahr gewesen – standen für Tage, Wochen und Monate.

Schon im Hochmittelalter fand sich auf dem Felsplateau eine erste Wehranlage, von der bis auf den ummauerten Bergfried allerdings kaum noch etwas übrig ist. Nur in einem der Schlossräume ist der nackte Fels bis heute sichtbar. In der zweiten Hälfte des 16. Jahrhunderts jedenfalls wurde aus der Burg, die als Wehranlage ausgedient hatte, ein Schloss. Immer wieder besetzten es fremde Truppen, die hier hoch über dem Rhein gern hausten.

Schließlich aber zerfiel das Anwesen mehr und mehr – bis ein Reichsgraf Mitte des 19. Jahrhunderts Schloss und Grundstück übernahm und es mit dem Vermögen seiner Frau neu gestaltete. Dabei ging es dem Bauherrn damals wie vielen anderen heute auch: aus geplanten 30.000 Talern Umbaukosten wurden am Ende 135.000. Das lag vor allem am Kölner Dombaumeister, der aus dem verfallenen Renaissanceschloss ein neogotisches Prunkstück machte. „Um das unwiederbringlich zerstörte Renaissanceschloss wird es schade sein! Nur, dass viele Kunstbanausen das Schloss schön finden, gibt mir etwas Trost“, soll der damalige Schlossherr nach dem aufwendigen Umbau geklagt haben. Wer das Schloss von innen sehen möchte, kann jeden Montagnachmittag ohne Voranmeldung an einer Schlossführung teilnehmen. Ein ganz besonderes Erlebnis sind die seltenen Nachtführungen bei Kerzenschein, für die man sich vorab allerdings anmelden muss.

TIPP Die Wildkammer des Schlosses verkauft Reh-, Schwarz- und Rotwild – meist küchenfertig portioniert.

Schloss Arenfels, 53557 Bad Hönningen, Tel. (01 73) 8 37 42 40
www.schloss-arenfels.com
ÖPNV: RB, Bad Hönningen Bahnhof

Reif von der Insel

12 *Die Weininsel Heyles'en Werth in Bacharach*

Dass in Bacharach bester Wein wächst, war schon im Mittelalter weithin bekannt. So ließ sich Papst Pius II. Mitte des 15. Jahrhunderts jährlich ein Fuder Wein vom Mittelrhein nach Rom bringen, umgerechnet knapp 1000 Liter. Weniger bekannt freilich ist, dass Bacharach über die wahrscheinlich kleinste deutsche Einzellage verfügt: die Weininsel Heyles'en Werth.

Die liegt mitten im Rhein, eine knappe Minute mit der Familienfähre der Bastians vom linken Ufer entfernt. Seit über 200 Jahren ist die Werth, wie man am Mittelrhein gemeinhin Flussinseln nennt, in ihrem Besitz. In ihrer Mitte reifen feinste Rieslinge. Bäume säumen das Areal mit seinen vielen Tausend Weinstöcken, schützen es vor neugierigen Blicken vom Ufer aus. Die meisten Reben sind schon alt, verwöhnt von sandigen Böden und dem Rhein, der im Sommer die Hitze mindert und im Winter vor Frost schützt.

Zeitweise waren die Bastians ganz auf der Insel zu Hause, lebten von ihrer Landwirtschaft. Doch diese Zeiten sind längst vorbei. Inzwischen konzentrieren sie sich komplett auf den Weinbau. Denn ihre Trauben wachsen ebenso in anderen exponierten Lagen Bacharachs. Dem ist auch die Vinothek geschuldet. Ein moderner Bau, ganz im Gegensatz zur Weinstube der Bastians am Bacharacher Marktplatz. Im Gutshof Zum grünen Baum, dessen Bau aus dem frühen 15. Jahrhundert stammt, scheint die Zeit fast stillzustehen.

TIPP Weine probieren in der Vinothek Friedrich Bastian in der Koblenzer Straße 1/Ecke Rosenstraße.

Übrigens: Beim Internationalen Filmfestival 1976 in Cannes fand die Weininsel sogar als Filmkulisse weltweite Aufmerksamkeit. Heyles'en Werth nämlich war Schauplatz von Wim Wenders erstem deutschen Roadmovie „Im Lauf der Zeit". Hanns Zischler und Rüdiger Vogler sorgten in dem schwarz-weißen Kultfilm für großes Kino. Es war ein Film, der eine Generation ins Rampenlicht rückte, die damals neue Werte entdeckte – und den Wein als ihren kulturellen Botschafter.

Weininsel Heyles'en Werth, 55422 Bacharach
ÖPNV: RB, Bacharach Bahnhof

Besonderes Sandsteinrelief

13 *Der Bassenheimer Reiter*

Es ist nicht groß, aber eindrucksvoll: das Sandsteinrelief in der Martinskirche von Bassenheim, knapp 20 Autominuten von Koblenz entfernt. Zwei Männer zeigt es. Der eine im langen Mantel hoch zu Ross, der andere in Lumpenhose und freiem Oberkörper. Es ist die klassische Szene, die Teilung des Mantels zwischen dem römischen Soldaten Martinus und einem Bettler. Ein Bild von höchster Solidarität.

Zugeschrieben wird das Kunstwerk dem Naumburger Meister. Einem namentlich nicht bekannten Bildhauer, der mit die schönsten Kunstdenkmäler der Frühgotik schuf. So wie die Mantelteilung, die er 1239 für den Mainzer Dom fertigte. Fast 450 Jahre später brachte ein Domherr das Relief nach Bassenheim, wo es lange Zeit außen an der Pfarrkirche hing, ehe es bei ihrem Neubau im Inneren Platz fand. Dort ziert es heute das linke Seitenschiff.

Am Rhein fand die entscheidende Wende im Leben des heiligen Martins statt: der Abschied vom Leben als Berufssoldat und die Hinwendung zur Seelsorge. Der Weg vom Killer zum Kümmerer sozusagen. Historisch ist das nicht unumstritten, ist der einzige Beleg dafür doch die erste Martinsbiografie. Sie erzählt, wie er in Worms seinen Militärdienst quittierte.

Als Bischof Martinus Ende des 4. Jahrhunderts starb, war er jedenfalls ein Held – und schon bald machten viele Tausend Kirchen ihn zum Namenspatron. Jahrhundertelang war sein Gedenktag am 11. November Feiertag. Heute sind es vor allem die Kinder, die sein Gedenken lebendig halten, wenn sie Mitte November mit ihren Laternen durch Städte und Dörfer ziehen und singen: „St. Martin hier, wir leuchten dir, rabimmel, rabammel, rabumm …“

Vor der Pfarrkirche liegt der Walpot-Platz mit dem Rathaus und einem Denkmal, das an das lange geheim gehaltene erste Treffen zwischen Konrad Adenauer und Robert Schumann, dem damaligen Außenminister Frankreichs, erinnert. Im Bassenheimer Schloss legten die beiden 1948 den Grundstein für die deutsch-französische Freundschaft.

Bassenheimer Reiter in der Pfarrkirche Sankt Martin, Walpot-Platz 1, 56220 Bassenheim
ÖPNV: Bus 353 ab Koblenz Hauptbahnhof, Haltestelle Bassenheim

Ein Meer der Harmonie

14 *Japanischer Garten in Bonn*

Für Glück haben die Japaner gleich zwei Worte. Je nachdem, ob man es als Gefühl wahrnimmt oder als Schicksal ansieht. In Bonns Japanischem Garten hat beides seine Gültigkeit. Zu seinem Schicksal gehört, dass ihn einer der populärsten Landschaftsarchitekten schuf, der Gartendesigner des japanischen Kaisers, Akira Sato. Für die Bundesgartenschau 1979 in Bonn hatte ihn die Regierung in Tokio eigens in die Bundeshauptstadt geschickt, um in den Rheinauen eine Glücksoase zu schaffen: einen botanischen Garten mit einem kleinen See samt Insel und einem künstlichen Hügel.

Wie die Grünanlagen ringsum, mit ihrer Fläche fast so groß wie die ganze Bonner Innenstadt, steht auch der Japanische Garten inzwischen unter Denkmalschutz. Ein gärtnerisches Kleinod, das man durch eine Pagode betritt. Schon ein paar Schritte weiter öffnet sich eine Welt voller Gleichklang und Ruhe. Allerdings nicht immer, ist der Garten doch eine der Sehenswürdigkeiten Bonns und deshalb viel besucht – auch wenn es nicht mehr, wie noch zur Bundesgartenschau, Zehntausende von Besuchern täglich sind.

TIPP Gegenüber dem Garten ist ein Parkplatz, von dem ein Brückenweg gefahrlos zum Japanischen Garten führt.

Japanische Gärten sind künstlich gestaltete Miniaturlandschaften, gewöhnlich geformt aus Steinen, Wasser und Pflanzen. Minimalistische Kreationen voller Harmonie. Ein Rundweg führt in Bonn durch das Freigelände, ausgestattet mit Holzbrücken und Trittsteinen über einen Bach. Oben vom Hügel hat man den Panoramablick: auf einen von einfachen und klaren Formen geprägten Garten, dessen Harmonie Pflanzen und Steine ausmachen. Wie Instrumente in einem Orchester formen sie erst zusammen den Wohlklang.

Nur ein paar Schritte weiter liegt übrigens ein weiteres Bonner Kleinod: der sogenannte Blindengarten (siehe Seite 46). Das ist ein Minipark, der mit seinen vielen Kräuterpflanzen vor allem die Nase fordert – nicht mehr das Auge wie der Japanische Garten.

- **Japanischer Garten, Petra-Kelly-Allee, 53113 Bonn**
- **ÖPNV: Bus 610, 611, Tram 66, Haltestelle Rheinauen**

Wein aus der Mutterbrust

15 *Wallfahrt zur St.-Rochus-Kapelle in Bingen*

Auf einer blumengeschmückten Trage wuchten kräftige Männer Jahr für Jahr am Sonntag nach Mariä Himmelfahrt einen bärtigen Jüngling mit Heiligenschein aus der Stadt den Berg hinauf: Rochus, den Pestpatron. Am Mittelrhein wird er wie ein Heiliger verehrt, obwohl er offiziell nie heiliggesprochen wurde. Vor ihm schreitet die Rochusbruderschaft in langen schwarzen Umhängen und mit der Pestkerze, die seit Jahrhunderten bei jeder Prozession mitgeführt wird.

Singend und betend ziehen die Pilger zur Kapelle auf dem Rochusberg, einer neogotischen Wallfahrtskirche. Oben vom Plateau reicht der Blick in die Weiten Rheinhessens und des Rheingaus. Rüdesheim liegt zu Füßen und die Klosterkirche der heiligen Hildegard. Auf der anderen Seite grüßt bei gutem Wetter der schon pfälzische Donnersberg. Da kann man Johann Wolfgang von Goethe verstehen, der einst selbst Gast beim Rochusfest war und vom Rochusberg als „einer der schönsten Örtlichkeiten der Welt“ schwärmte.

1666 hatten Bingens Bürger versprochen, falls Rochus die Stadt von der damals grassierenden Pest verschone, ihm jährlich eine Prozession zu widmen und einen halben Tag lang zu feiern. Aus dem halben Tag ist längst eine ganze Festwoche mit Gottesdiensten und Wallfahrten geworden.

„Auch wir“, schrieb Goethe einst nach seinem Besuch in Bingen, „mit fetter, dampfender Speise nebst frischem, trefflichen Brot reichlich versehen, bemühten uns, Platz an einem geschirmten langen, schon besetzten Tische zu nehmen. Freundliche Leute rückten zusammen, und wir erfreuten uns angenehmer Nachbarschaft, ja liebenswürdiger Gesellschaft. Selbst Kinder“, wusste Goethe zu berichten, „tranken Wein wie die Alten ... Niemand schämt sich der Weinlust, sie rühmen sich einigermaßen des Trinkens. Hübsche Frauen gestehen, dass ihre Kinder mit der Mutterbrust zugleich Wein genießen.“

St.-Rochus-Kapelle, Rochusberg 2, 55411 Bingen am Rhein
www.bingen.de
ÖPNV: Bus 607 ab Bingen Stadtbahnhof, Haltestelle Rochusberg

CHRISTEN WOLLT IHR
ROCHUS EHREN

Behausung für Waldbewohner

16 *Der Bonner Gespensterbuchenwald*

Es sind Bäume mit klobigen und krumm gewachsenen Stämmen, die so gar nicht in unser Bild vom Wald passen wollen. Einige liegen quer über dem Weg, vom Wind entwurzelt oder einfach nur aus Altersschwäche umgefallen. Es sind bis zu 250 Jahre alte Kopfbuchen, wegen ihres Aussehens gern auch Gespensterbuchen genannt. Bäume mit Geschichte, die – wenn sie erzählen könnten – noch jung waren, als Kurfürsten und Könige hier regierten, als es weder Autos noch Telefon gab.
Zu finden sind sie auf dem Venusberg, einer Hochfläche über Bonn. Die dortigen Wälder wurden jahrhundertelang als Weidefläche genutzt – vor allem aber lieferten sie Brennholz. Doch die Holzgewinnung wurde im Lauf der Zeit immer schwieriger, da das in den Wäldern gehaltene Vieh – Schweine, Ziegen, Schafe und Kühe – die Triebe der Jungpflanzen fraß und kaum noch Bäume nachwuchsen.
Deshalb ersann man die Idee, das Brennholz alle 15 bis 20 Jahre in 2 Metern Höhe abzuschneiden. Im Spätwinter, was den Vorteil hatte, dass die Tiere nicht mehr an die dort im Frühjahr aus den Stümpfen nachwachsenden Triebe herankamen. Im Lauf der Zeit entstand so ein kleines bizarres Buchenwäldchen, das jetzt freilich in die Jahre gekommen ist. Denn seit über einem Jahrhundert wird hier kein Holz mehr geschlagen, bleibt das Gebiet ganz der Natur überlassen. Zur Freude vieler Waldbewohner wie Vögel und Insekten, die in den morschen Stämmen ideale Wohnbedingungen gefunden haben – etwa Fledermäuse, Spechte und Käfer.
Schnellen Einblick in die Welt der Gespensterbuchen öffnet ein ausgewiesener Minirundweg gleich gegenüber dem Wildgehege auf dem Venusberg. Wenig weiter findet sich ein Pfad, der kreuz und quer durch die Naturlandschaft führt. Je länger man ihm folgt, desto spannender wird seine Szenerie, geben die Köpfe der Bäume doch immer neue Rätsel auf.

Gespensterbuchenwald, An der Waldau, 53127 Venusberg Bonn
ÖPNV: Bus 602 ab Bonn Hauptbahnhof, Haltestelle Waldau

Chillen am Rhein

17 *Binger Rheinufer mit Vinothek*

Sommerabend am Binger Rheinufer. Wo der Strom hinter einer Kurve Richtung Norden verschwindet, steht die Sonne jetzt tief über dem Binger Loch. Oben auf der anderen Rheinseite küssen ihre letzten Strahlen das Haupt der Germania: das Denkmal mit der haushohen und tonnenschweren Dame auf den Taunushöhen. Nach dem gewonnenen deutsch-französischen Krieg 1870/1 sollte es den deutschen Nationalstolz verkörpern. Zu seinen Füßen liegen Weinberge, die längst im Schatten versunken sind.

Am Binger Ufer aber wärmt die Abendsonne noch immer. Zur Freude der Gastronomen, deren Terrassen am Ufer gut besucht sind. Etwa in der Vinothek, wo Weine aus der Region auf den Tisch kommen. Schließlich treffen in Bingen gleich vier deutsche Weinbaugebiete aufeinander: Nahe, Mittelrhein, Rheinhessen und der Rheingau. Landschaften, in denen seit Jahrhunderten vielfach ausgezeichnete Winzer zu Hause sind. In der Vinothek begleiten sie Kleinigkeiten aus Omas Einmachgläsern: Spundekäs und Handkäs, Feta-Walnuss-Dip und rheinhessischen Wurstsalat. Für den größeren Hunger sind geschmorte Rinderbäckchen, Maishähnchen auf Spargelgemüse oder Wiener Schnitzel gedacht. Die großen Schiefertafeln, die tagesfrische Kuchen zum Kaffee anbieten, sind am Abend durchgestrichen, die Rhabarberschnitten längst ausverkauft.

Je tiefer die Sonne fällt, desto entspannter wird es am Ufer. Mit der Landesgartenschau 2008 wurde es kräftig aufgemöbelt. Damals entstanden Spielplätze und großzügige Gartenanlagen. Zuletzt ist ein neues Hotel dazugekommen, ein Life-Style-Haus namens Papa Rhein mit hoteleigenem Hundewaschplatz und anderen Nettigkeiten. Es soll mehr junge Leute an den Mittelrhein locken, die bislang oft einen Bogen um die Gegend machten. Die hat auch der Diskjockey im Blick, der abends im Open-Air-Café zum Chillen bittet. Musikalisch verjagt er so langsam den Tag, macht Platz für die Nacht, die manchmal ganz Neues bringen kann.

Binger Rheinufer, 55411 Bingen am Rhein mit Vinothek Bingen, Hindenburganlage 2, 55411 Bingen am Rhein, Tel. (0 67 21) 3 09 89 92
www.vinothek-bingen.de
ÖPNV: RB, Bingen Stadtbahnhof

Bingen am Rhein

Mit dem Rad durch die Lüfte

18 *Bikepark in Boppard*

Schon mal Fahrräder in der Luft gesehen? In Boppard ist das gang und gäbe! Hoch über der Stadt nämlich, nur ein paar Fußminuten von der Bergstation des Sesselliftes entfernt, liegt ein Bikepark. Ein Glücksort für alle Mountainbiker, die oft von weit her anreisen – aus dem Ruhrgebiet ebenso wie aus der Rhein-Main-Ära. Denn die über 1 Kilometer lange Freeride-Strecke bietet Radsportlern einen anspruchsvollen Kurs mit vielen Dirt Jumps, wie das Springen über die künstlichen Erdhügel in der Fachsprache heißt.

Anfänger, vor allem aber Profis, sind hier gut aufgehoben. Junge Burschen meist, die für Augenkitzel sorgen. Akrobaten der Lüfte, die den Atem der Zuschauer manchmal stocken lassen. Allesamt englische Namen haben ihre Kabinettstücke – vom Backflip, dem Rückwärtssalto, bis zum Barspin, bei dem man den Lenker in der Luft dreht. Oder dem Superman, wenn die Fahrer ihre Füße von den Pedalen nehmen und sie wie die Arme weit von sich strecken.

Für ihren Sport nutzen die Biker Räder mit kleinem und stabilem Rahmen, die wenig wiegen, um in den Lüften leichter zu agieren. Auch kommen sie mit nur einer Bremse aus, was ihr Gewicht weiter reduziert. 3,50 Meter misst der Startturm, die Sprungschanzen etwas weniger. Dazu passen die Landeplätze, die mal höher und mal tiefer liegen – je tiefer, desto gefahrvoller die Landung. Da kann es auch mal Blessuren geben, sportliche Kollateralschäden sozusagen!

TIPP Mit dem Sessellift über die Talstation im Mühltal zum Bikepark. Die Mitnahme der Räder ist kostenlos.

Langweile kommt im Bikepark jedenfalls kaum auf. Für die Neugierigen am Streckenrand erscheint er wie ein moderner Zirkus. Ein Parcours der Mutproben und Eitelkeiten, gespeist von jugendlichen Rivalitäten. Ein Abenteuerpark für Eingeweihte, die mit ihren Bikes umzugehen wissen. Die sich auf zwei oder manchmal auch nur einem Rad sicherer fühlen als mancher Autofahrer auf vier Reifen. Für manchen sicher auch eine Art Droge, die in Boppard Radsport heißt.

Bikepark Boppard, Kyffhäuser Weg, 56154 Boppard
ÖPNV: RB, Boppard Bahnhof

Symbolhafter Rheinübergang

19 *Die Brücke von Remagen*

Auch Trümmer können faszinieren. Als Symbol der Gegenwart mahnen sie an die Vergangenheit und lassen uns für die Zukunft hoffen. So wie in Remagen, wo zwei schwarze Türme neben den Resten der alten Rheinbrücke in den Himmel ragen. Eine deutsche und eine amerikanische Flagge krönen sie, die Zeichen zweier Nationen, die sich hier eine der sinnlosesten Schlachten des Zweiten Weltkriegs lieferten.

Im Ersten Weltkrieg hatte man den Schienenübergang gebaut, von dem vor allem auch Ausflügler profitierten, die so aus Deutschlands Mitte schnell in die Eifel kamen. Während des Zweiten Weltkriegs gewann die Brücke an logistischem und strategischem Gewicht. Kein Wunder, dass sich im März 1945 schließlich deutsche mit amerikanischen, belgischen und englischen Soldaten schwere Gefechte um den Brückenkopf lieferten. Denn Remagens Rheinübergang gehörte zu den letzten, die zum Ende des Zweiten Weltkriegs noch intakt waren. Fotos und Wochenschaubilder erzählen bis heute vom „Wunder von Remagen", von der Eroberung der Brücke, die allen Versuchen deutscher Verteidiger, sie in die Luft zu sprengen, widerstanden hatte. Für General Dwight D. Eisenhower, den späteren Präsidenten und damaligen US-General war die Brücke für den Vormarsch seiner Truppe so angeblich „ihr Gewicht in Gold wert". Verzweifelt versuchten deutsche Soldaten, sie in den folgenden Tagen zu sprengen, bis sie schließlich einstürzte.

Der 1969 gedrehte Spielfilm „Die Brücke von Remagen", für den die Brücke an der Moldau bei Prag nachgebaut wurde, rückte die Ereignisse von 1945 erneut in den Blickpunkt der Öffentlichkeit. Dabei war vieles historisch falsch dargestellt – etwa der Widerstand in Remagen, den es so nicht gegeben hat. Auch manch anderes Filmdetail entsprang mehr der Dramaturgie als der Realität. Heute ist der Brückenkopf in Remagen zum Ort der Erinnerung geworden – zur Mahnung gegen alle Kriege!

Brücke Remagen, An der alten Rheinbrücke, 53424 Remagen
www.bruecke-remagen.de
ÖPNV: RB, Remagen Bahnhof

Wahrheit erfahren

20 *Blindengarten in den Bonner Rheinauen*

Was ist Wahrheit? Es ist eine jahrtausendealte Frage, die Philosophen ebenso bewegt wie heute zunehmend Juristen. Eine Frage, auf die es deshalb immer wieder neue Antworten gibt. Eine ist, dass die Wahrheit auf übereinstimmenden Aussagen oder Urteilen beruht. Ihr Gegenstück ist die Lüge, die aber auch die Wahrheit sein kann. Für denjenigen, der dies seinen Kindern einmal klarmachen will, ist der Blindengarten in den Bonner Rheinauen die erste Adresse. Dort nämlich steht ein kleines Denkmal, das zeigt, wie individuell die Erfahrung der Wahrheit wirklich ist.

Es zeigt einen Elefanten, um den sich eine Handvoll Menschen schart und illustriert ein altes, vermutlich aus Asien stammendes Gleichnis: die Geschichte von den blinden Männern und dem Elefanten. Im Auftrag eines Königs sollen sie beschreiben, was sie fühlen, wenn sie das Tier an unterschiedlichsten Stellen betasten. Der Erste, mit dem Rüssel in der Hand, kommt zur Erkenntnis: Das ist eine Schlange! Der Zweite, den stämmigen Fuß umklammernd, ruft: Das ist ein Baum. Der Nächste, das Ohr fühlend, glaubt, ein großes Kohlblatt in der Hand zu haben. Ein anderer, mit seinen Händen die Haut entlangfahrend, ist sich sicher: Das ist eine Wand. Und der Letzte, den Schwanz spürend, mutmaßt: Das ist ein Wurm.

Die Wahrheit, lehrt das Gleichnis, ist der Dickhäuter mit seinem langen Rüssel. Jeder Blinde aber, der stellvertretend für uns Menschen steht, nimmt nur einen Teil der Realität wahr. Mit anderen Worten: Die Wahrheit ist eigentlich unergründlich. Besser kann man sie kaum erklären als mit dem Denkmal im Bonner Blindengarten! Darüber hinaus finden sich hier viele duftende Pflanzen, die mit auch in Blindenschrift lesbaren Tafeln ausgeschildert sind. Für Autofahrer gibt es einen Parkplatz gegenüber dem Blindengarten, von dem eine Brücke gefahrlos zu den Rheinauen führt.

Blindengarten, Petra-Kelly-Allee, 53113 Bonn
ÖPNV: Bus 610, 611, Tram 66, Haltestelle Rheinauen

Über dem Binger Loch

21 *Burg Ehrenfels bei Rüdesheim*

Wer den morbiden Charme alter Gemäuer schätzt, ist auf Burg Ehrenfels richtig – genau genommen in ihrer Ruine. Die verfallene Zollburg am Eingang ins Mittelrheintal gehört zu den wenigen Burgen am Rhein, die man nach ihrer Zerstörung Ende des 17. Jahrhunderts nicht wieder aufgebaut hat.

Dass die Ruine für mich ein Glücksort ist, liegt an ihrer Lage. Eingebettet zwischen Wald und Weinbergen thront sie über dem Binger Loch. Einer Flussenge, die einmal voller Gefahren steckte, sodass man im Mittelalter Schiffe sicherheitshalber vor Passieren der Engstelle ent- und erst später wieder belud. Erst als man Anfang des 19. Jahrhunderts eine breite Fahrrinne freisprengte, entfiel diese Prozedur. Inzwischen hat man die Schiffsenge auf 120 Meter verbreitert. So ist es auch großen Schiffen erlaubt, das Binger Loch ohne Lotsen zu durchfahren.

Ritter waren die Ersten, die hier Quartier bezogen. Bedeutung aber bekam Burg Ehrenfels erst, als das Mainzer Erzbistum sie als Zollstation nutzte. Später – mit hohen Mauern, Ecktürmen und Wällen sicherheitstechnisch bestens gerüstet – war sie Sommersitz der Erzbischöfe. Auch der Mainzer Domschatz wurde gern hier versteckt, wenn er in Gefahr war.

Nachdem im deutsch-französischen Erbfolgekrieg 1689 die Burg niedergebrannt worden war, verkaufte das Mainzer Domkapitel die Ruine samt umliegender Grundstücke. Heute gehört sie dem Bundesland Hessen, das viel Geld in ihren Erhalt gesteckt hat. So ist es heute möglich, mittels Stahltreppen von den alten Burgtürmen den einmaligen Blick auf Bingen und die Nahemündung zu genießen.

Wanderer erreichen Burg Ehrenfels auf einem knapp einstündigen Marsch durch die Weinberge von Rüdesheim Richtung Assmannshausen. Rund 1 Kilometer kürzer ist der Weg von Assmannshausen aus. Zwischen beiden Orten verkehrt die Bahn, im Sommer fahren zusätzlich verschiedene Linienschiffe.

Burg Ehrenfels, 65385 Rüdesheim am Rhein
www.burgdirekt.de
ÖPNV: RB, Rüdesheim Bahnhof

Freistaat Flaschenhals

22 *Zwischen Kaub und Lorch*

„Freistaat Flaschenhals" steht auf den Schildern, die sich zwischen Kaub und Lorch vor einer Handvoll Restaurants und Weingütern finden. Sie erinnern an das Ende des Ersten Weltkriegs, als den siegreichen Alliierten bei der Aufteilung der besetzten Gebiete ein folgenreicher Messfehler unterlaufen war. Als sie um das amerikanisch besetzte Koblenz und das französisch besetzte Mainz eine Sicherheitszone mit einem Radius von 30 Kilometern gezirkelt hatten, war am Mittelrhein ein besatzungsfreies Niemandsland entstanden. Ein politisches Gebilde, das an seiner engsten Stelle nicht einmal 1 Kilometer breit war und so einem Flaschenhals glich. Das war der Anlass für seine Bewohner, ihr Refugium „Freistaat Flaschenhals" zu nennen.

Ein Staat im Staate sozusagen, abgeschnitten von der Außenwelt. So waren alle Zugangsstraßen gesperrt und die Telefonverbindungen gekappt. Eisenbahnzüge durften in Lorch und Kaub nicht mehr halten – Schiffe nur notgedrungen, weil in Kaub die Lotsen an Bord mussten, um die Kähne durchs Rheintal zu schleusen. Wegen steigender Inflation ging der Flaschenhalsrepublik schließlich das Geld aus, sodass sie ihre eigene Währung einführte. Die damaligen Geldscheine werden heute teuer gehandelt. Weil die Bewohner der Republik die Franzosen in den besetzten Gebieten ringsum immer wieder provoziert hatten, besetzten diese im Februar 1923 Kaub und Lorch. Doch Ende 1924 war auch diese Leidenszeit zu Ende.

Heute sorgen touristische Pässe dafür, dass der einstige Freistaat in Erinnerung bleibt. Es sind Rabatt- oder Gutscheinhefte, die ihren Inhabern ein Viergangmenü samt Wein, Aperitif und Digestif in drei verschiedenen Restaurants und Weinhäusern garantieren, dazu ganzjährige Rabatte beim Weinkauf und eine kostenlose dritte Übernachtung im Doppelzimmer.

Freistaat Flaschenhals zwischen Kaub und Lorch
www.freistaat-flaschenhals.de
ÖPNV: RB, Kaub bzw. Lorch Bahnhof

Zur Königin im Blumenreich

23 *Der Rosengarten Braubach*

Schön aussehen und gut riechen. Damit ist zu punkten. Im Pflanzenreich gilt das besonders für die Rose. Sie ist die Königin unter den Blumen, meinte schon Sappho, eine auf Lesbos lebende Dichterin der Antike. Keine andere Pflanze wurde mehr besungen, keine andere Blüte in Text und Bild angeblich häufiger verherrlicht. Schon die alten Ägypter und auch die Römer wussten ihre Schönheit zu schätzen. Im Mittelalter entdeckte man ihre Heilkräfte, wurde die Rose zum christlichen Symbol. So verschenkte der Papst jahrhundertelang jedes Jahr eine goldene Rose als Zeichen der Tugend. Noch größeres Ansehen gewann die Blume schließlich im Barock und Rokoko, als ihre zunehmend kultivierten Sorten in immer mehr Stadtgärten Einzug hielten.

Der vielleicht schönste Rosengarten am Mittelrhein findet sich in Braubach, das deshalb manche auch „Rosenstadt“ nennen. Diesen Beinamen verdankt sie Johann Dennert (1863–1932), einem Ticketverkäufer der Weißen Flotte, die noch heute gern in Braubach Station macht. Wenn gerade kein Schiff abzufertigen war, hatte er Zeit und Muße, die Uferpromenade zu pflegen und sie mit Rosenstöcken aufzupeppen.

Aus Dennerts Hobby entstand im Lauf der Zeit eine mehrere Tausend Quadratmeter große Gartenanlage. Ein Garten der Muße, der an sonnigen Tagen zum Glücksort wird. Vor allem im Mai, wenn die Rosen in voller Blüte stehen. Rosen in Rot, vom zartem Rosa bis zum kräftigen Weinrot – in Weiß oder Gelb. Als Bäume und Sträucher, Rosen in allen Farben und Formen. Weil Rosen viel Licht brauchen, haben sie am Braubacher Rheinufer ein ideales Quartier gefunden. Ein schattenloses Eckchen, das heute fachkundige Gärtner hegen und pflegen.

Bänke laden im Rosengarten zum Verweilen ein, Brunnen sprudeln. Ein Denkmal erinnert an die Gefallenen im Krieg. Und ganz oben grüßt die Marksburg, die wie ein Magnet die letzten Strahlen der Sonne fängt, wenn es am Rhein schon langsam dämmert.

Rosengarten Braubach, Rheinanlage an der Bundesstraße 42, 56338 Braubach

ÖPNV: Bus 570 ab Koblenz Hauptbahnhof, Haltestelle Bahnhof Braubach. Im Sommer fährt die Weiße Flotte bis zum Eingang Rosengarten.

Extraball

24 *Flippermuseum in Neuwied*

Waren das Zeiten, als The Who, eine meiner Lieblingsbands, mit „Pinball Wizard" die Hitparaden stürmte. Es war die Hymne auf das Flipperspiel, das für meine Generation den Wert hatte wie die Videospiele für die Jugend von heute. Mehr als ein halbes Jahrhundert ist das jetzt her, als Pete Townshend den taubstummen und blinden Tommy zum Flipperkönig machte: „Er ist voll konzentriert. Diese Glöckchen und Summer kann er nicht hören. Die aufblitzenden Lichter kann er nicht sehen. Spielt nach seiner Nase. Bekommt ständig ein Freispiel ... Ich dachte, ich wär der König der Tischkugeln. Aber ich hab ihm einfach meine Flipperkrone übergeben."

Extraball, Deutschlands erstes und angeblich größtes Flippermuseum in Neuwied, lebt von solchen Erinnerungen. Von nostalgischen Gefühlen aus Zeiten, in denen es noch keine Smartphones gab. Über drei Stockwerke stapeln sich rund 150 bunte und oft auch laute Unterhaltungsautomaten. Und was jedes Zockerherz höherschlagen lässt: Sie alle funktionieren noch! 6 Euro kostet der Eintritt. Im Gegenzug gibt es dafür fünf Markstücke, mit denen man die Flipper füttert – und schon rappelt und blinkt es!

TIPP **Das Museum hat nur Samstag und Sonntag geöffnet.**

Mit Wucht stemmen sich die Fans auch heute noch gegen die Automaten, wenn die Kugel zu verschwinden droht. Ein Kraftakt, der häufig mit vier Buchstaben endet: TILT. Der Weg zum nächsten Freispiel, zum Extraball, wird so allerdings immer länger!

Übrigens: Über die gewöhnlichen Öffnungszeiten am Wochenende hinaus kann man einen Stock höher seiner Leidenschaft frönen: im Flipperhotel mit seinen individuell eingerichteten Zimmern. Klar, dass in jedem Raum dort ein Bett steht – und ein Flipper. Und manche Silberlocke hat dann auch wieder Pete Townshends Hymne im Ohr: „Ever since I was a young boy, I've played the silver ball, from Soho down to Brighton, I must have played them all ..."

Extraball – Deutsches Flippermuseum, Hermannstraße 9, 56564 Neuwied, Tel. (0 26 31) 35 81 83
www.flippermuseum.eu
ÖPNV: RB, Neuwied Bahnhof

Bally
POPEYE
BOYZ WILL BE BOYZ -AND FLIPPERZ THEIR TOYZ
EXTRA BALL
BLOW ME DOWN I IZ A WIZ OF PINBALLZ!
SPINACH COLA
NO CREDIT
SKYDECK
SPIELENDE

Hort der Reichsinsignien

25 *Burgruine Hammerstein*

Es gibt Burgen am Rhein, die kaum einer kennt und die deshalb auch kaum besucht werden. Das liegt daran, dass sie fast ganz zerstört sind und nur noch Mauerreste von ihrer einstigen Pracht zeugen. Dazu gehört die Ruine Hammerstein, die auf einem knapp 200 Meter hohen Felsplateau schräg gegenüber von Andernach liegt.

Einer ihrer Ecktürme ragt noch sichtbar aus dem Grün, das den Rest der Anlage längst überwuchert hat. Von ihm aus hat man weite Blicke ins Tal, die ahnen lassen, warum schon im 10. Jahrhundert hier oben eine Festung stand. Kein Wunder, dass Hammerstein als die älteste Burg am Mittelrhein gilt. Auf schmalen Pfaden durchstreift man heute ihre Überreste. Von Pflanzen überwucherte Mauern, die einem die einstige Größe der Burg vor Augen führen und ahnen lassen, dass hier einmal Geschichte geschrieben wurde. Große sogar, die Kaiser, Könige und Päpste mit bestimmten.

Denn anders als heute oft überlaufene Rheinburgen lebt Hammerstein nicht von Sagen und Legenden, sondern von realer Vergangenheit. So waren Anfang des 12. Jahrhunderts auf der Burg hin und wieder die sogenannten Reichskleinodien aufbewahrt: die Herrschaftszeichen des Heiligen Römischen Reiches – wie Krone, Reichsapfel und Heilige Lanze.

TIPP **Fußweg von Oberhammerstein zum Bergplateau, von wo ein schmaler Pfad zur Ruine abzweigt.**

Von sich reden machte die Burg im Mittelalter auch durch ihre Herrschaften Otto und Irmingard. Weil sie miteinander verwandt waren, versuchten Staat und Kirche, ihre Ehe zu verhindern. Selbst nach seiner Exkommunikation aber ließ das Paar nicht voneinander ab, sodass der Kaiser schließlich ihre Burg belagerte und sie zeitweise vertrieb. Im 17. Jahrhundert wurde die heute im Privatbesitz befindliche Burg Hammerstein endgültig zerstört. Zum Glücksort übrigens wird die Ruine, wenn unten in Oberhammerstein die Glocken der Georgskirche läuten: Sie gehören zu den ältesten Deutschlands.

Burgruine Hammerstein, 56598 Hammerstein

ÖPNV: Bus 170 ab Neuwied, Haltestelle Oberhammerstein Kirche

Vulkanausbruch mit Ansage

26 *Kaltwassergeysir bei Andernach*

Für viele ist es wie das Warten aufs Christkind – nur, dass man nicht vor dem Weihnachtsbaum steht, sondern vor einem Haufen Steine. In deren Mitte soll gleich Europas gewaltigster Kaltwassergeysir in die Höhe schießen. Ein paar Minuten nur währt das Spektakel, dessen Geheimnisse das Besucherzentrum am Andernacher Rheinufer lüftet.

Dort ist zu erfahren, wie tief unter der Erde sich Tag für Tag Grundwasser mit Kohlendioxid aus der Vulkaneifel mischt, um sich dann einen Weg nach draußen zu suchen. Ähnlich wie eine sprudelnde Wasserflasche, deren Druck nach Öffnung schlagartig nachlässt, drängt auch das Wasser beim Geysir über einen Aufstiegskanal nach oben.

In Andernach sammelt sich das kohlendioxidhaltige Wasser in einem Bohrbrunnen. Ein paar 100 Meter ist der tief und stets mit einer Wassersäule gefüllt, die sich langsam mit Kohlendioxid füllt, bis sich kein Gas mehr lösen kann und der Brunnen schließlich das Wasser nach oben drängt.

Gestärkt mit diesem Wissen bringt ein Schiff den Besucher in einer guten Viertelstunde zum Ort des eigentlichen Spektakels: zur Namedyer Werth, einem Naturschutzgebiet auf einer Halbinsel im Rhein. Ein paar Minuten Fußmarsch sind es vom Ankerplatz zum Bohrloch, auf das dann alle starren wie das berühmte Kaninchen auf die Schlange. Niemand nämlich kann voraussagen, wann der Geysir ausbricht. Etwa alle 2 Stunden, heißt es offiziell. Nur der erste Ausbruch am Tag sei einigermaßen pünktlich, weil der Brunnen nachts mit einem Schieber verschlossen ist. Irgendwann aber knallt es, schießt das Wasser, wenn es der Wind nicht gleich verweht, bis zu 60 Meter in die Höhe. Immer wieder, je nachdem wie schnell das Gas im Brunnen das Wasser nach oben treibt. Es sind die Bilder, die alle mit nach Hause nehmen. Zeugnisse eines Lebens, das tief in der Erde seinen Ursprung hat.

TIPP Ein Besuch des Geysirs ist Ende März bis Ende Oktober möglich. Vom Besuchszentrum fährt ein Schiff.

- **Geysir Besuchszentrum, Konrad-Adenauer-Allee 40, 56626 Andernach, Tel. (0 26 32) 9 58 00 80 www.geysir-andernach.de**
- **ÖPNV: RB, Koblenz Hauptbahnhof, weiter mit MS Namedy ab Schiffssteiger 4 bis Namedyer Werth**

Entdeckungstour

27 *Die Steckeschläääferklamm im Binger Wald*

Hoch recken sich die Bäume in den Himmel. Schattenspender, die man vor allem im Sommer schätzt. Dann auch ist das kleine Bächlein, der Hasselbach, dem man bergab Richtung Rhein folgt, oft nur ein Rinnsal. Dass das aber auch anders sein kann, verraten die vielen Holzbrücken, die man in der Steckschläääferklamm zu queren hat. Ihr Name spielt darauf an, dass Wanderer ihre Wanderstöcke, mundartlich „Stecke", meist am Boden schleifen, also „schläääfe", lassen.
Irgendwo in der Mitte des rund 1 Kilometer langen Weges liegt ein Holzstamm quer über dem Bach. Eine Balancierstange für Alt und Jung – ein Freudenspender, der viel Geschick verlangt. Da kann man Papa und Mama schon mal zeigen, was Selbstbewusstsein heißt!
Genau betrachtet ist die Steckeschläääferklamm ein Abenteuerspielplatz. Ein Revier zum Üben, um auch in etwas schwierigerem Gelände zurechtzukommen. Doch keine Angst, nichts hier ist alpin oder gar gefährlich. Allenfalls nach starken Regenfällen oder im feucht-kalten Winter ist die Klamm auch ein rutschiges Pflaster – ein Abenteuerspielplatz eben!
Mehr noch als sportlichen Ehrgeiz aber weckt die Klamm im Binger Wald Entdeckungsfreude. In mehr als einem halben Hundert Baumstämmen und -stümpfen nämlich halten sich kleine oder große Geister versteckt. Grimmig dreinblickende Kobolde und schelmisch grinsende Gespenster. Hinter jeder neuen Kurve lauern sie, warten darauf, erkannt zu werden. Da kann die Klamm schnell zum Glücksort werden!
Am Eingang zur Klamm gibt es einen Wanderparkplatz. Er ist von Bingerbrück aus über die L214 in knapp 20 Autominuten zu erreichen. Im Binger Vorort Weiler biegt man rechts Richtung Altes Bergwerk Waldalgesheim ab, von wo es bis zum Parkplatz Walderlebnispfad weiter geht. Von dort führt links die Straße noch 1 Kilometer weiter zum Wanderparkplatz Steckeschläääferklamm. Fußgänger nehmen von Bingerbrück aus den Weg durch den Stadtwald zur Klamm.

Steckeschläääferklamm, 55413 Weiler bei Bingen, www.bingen.de
(Zugang vom Waldparkplatz Steckeschläääferklamm)

Im Weinparadies

28 *Weinlage Höllenberg in Assmannshausen*

Auf den Hängen rechts und links des Rheines fühlt sich der Riesling am wohlsten. Er prägt rund zwei Drittel aller zwischen Bingen und Bonn erzeugten Weine. Nur Assmannshausen punktet mit Spätburgunder, den die Franzosen Pinot noir nennen. Seit dem Mittelalter ist er hier zu Hause, veredelt in mehr als einem Dutzend Weingüter. „Ein lustig' Leben ist am Rhein, so klingt's in hellem Tone, das macht der Assmannshauser Wein, Rubin in Rheinlands Krone", schwärmte ein Poet Ende des 19. Jahrhunderts.

Der Höllenberg ist Assmannshausens Topweinlage, ein großer Rebenhang auf feinsten Schiefer- und Quarzitböden. Es sind Steillagen, die gehaltvolle Weine garantieren. Dabei hilft der Rhein, der tagsüber die Sonne reflektiert und nachts dafür sorgt, dass die Reben nicht frieren. Zudem reifen die besten Weine zwischen den Wärme speichernden Stützmauern, die sich durch den Höllenberg ziehen. Diesen sogenannten Mauerwein kann man nicht kaufen, sondern nur ersteigern.

Für Rotweintrinker ist das Höllenbachtal, das von Assmannshausens Ortsmitte Richtung Taunus führt, deshalb ein Glücksort. Seit mindestens 1507 ist der Anbau von Klebroth, wie der Spätburgunder im Rheingau einmal hieß, urkundlich belegt. Mitten in den Weinbergen wachsen auch zahlreiche Wildpflanzen und Heilkräuter, die im Rahmen von Kräutermenüs in ausgesuchten Restaurants als Grüne Sauce oder Waldmeistercreme auf den Tisch kommen. Regionale Delikatessen!

Wegen des Höllenberges ist in Assmannshausen an manchen Wochenenden der Teufel los – etwa an der Uferpromenade mit ihren Terrassencafés und Hotels. Vor allem im Sommer und Herbst herrscht hier mediterranes Flair. Populärstes Gasthaus ist die „Krone", in der einst Kaiser ebenso Station machten wie Österreichs Königin Sissi. Sie kamen wegen einer warmen Quelle am Rhein, die bis in die ersten Nachkriegsjahre für lebhaften Kurbetrieb sorgte.

Höllenberg, 65385 Assmannshausen
www.assmannshausen-am-rhein.de
ÖPNV: RB, Assmannshausen Bahnhof

Tack, Tack, Tack …

29 *Das Osterklappern in Linz am Rhein*

Wie immer am Ende der Karwoche rennen rund 200 Männer und Frauen, Buben und Mädchen durch das rheinische Linz. Kleine und größere Bretter schwingen sie bei ihrem Lauf hin und her, um die hölzernen Klöppel an ihrer Unterseite zum Anschlag zu bringen. Ab und an ist Pause, danach rüstet sich der lärmende Haufen für die nächste Klapperrunde: Tack, Tack, Tack, Tacktacktack.

Beim Osterklappern in Linz kann jeder mitmachen. Alt und Jung, Reich und Arm. Alle sind willkommen. Traditionell trifft man sich vor dem Neutor: einem alten Stadtturm, zu dessen Füßen man den Klapperern ein Denkmal gesetzt hat. „Das Klappern hat man im Blut", sagt einer der Organisatoren. Angeblich hätten Kapuziner, die sich 1627 in der Stadt niederließen, den Brauch mitgebracht und den Glockenklang in der Karwoche durch den Klappergang ersetzt. So erzählt man es sich zumindest gern in Linz.

Seitdem jedenfalls tönen die Klappern statt des sogenannten Angelusläutens, mit dem man morgens der Auferstehung Christi, mittags seines Leidens am Kreuz, also der Passion, und abends seiner Menschwerdung gedenkt. In der zweiten Hälfte des letzten Jahrhunderts nahm das Klappern im katholischen Rheinstädtchen freilich immer mehr weltliche Züge an, wurde der christlich motivierte Brauch zum Volksspektakel. Zeitweise montierte man riesige Klöppel an meterlange Tischplatten, die bis zu acht Träger verlangten.

TIPP

Der Klappergang findet am Karfreitag und -samstag morgens und abends um 6 und mittags um 12 Uhr statt.

Heute ist der Klappergang durch die Altstadt eine Art Volkslauf, bei dem die Akteure oft ihre eigenen Wege gehen. Dann laufen die einen durch offen stehende Gärten oder über Kinderspielplätze, andere zieht es in Parkhäuser, in denen die Klappern besonders laut nachhallen. Nicht nur mir scheint es dann, als wollten die Linzer ihre Osterfreude bis in die letzten Winkel des alten Rheinstädtchens tragen. Tack, Tack, Tack, Tacktacktack …

Osterklappern in der Innenstadt von Linz am Rhein, 53545 Linz am Rhein
www.linz.de
ÖPNV: RB, Linz Bahnhof

Auf dem Berg

Ein Muss für Bahnfreunde

30 *Hunsrückbahn ab Boppard Bahnhof*

Nur wenige deutsche Gleisstrecken können sich so mit Superlativen schmücken wie die Hunsrückbahn zwischen Boppard und Emmelshausen: ein Glücksfall für alle Bahnliebhaber. Mit fünf Tunneln und zwei Viadukten auf einem nur 6,3 Kilometer langen Teilstück gilt sie als der steilste, noch täglich befahrene Schienenabschnitt Deutschlands. Rund 330 Höhenmeter überwindet die Bahn dabei auf dem Weg vom Rhein in den Hunsrück.

Vor allem am Wochenende und an Feiertagen ist die von einem privaten Verkehrsunternehmen betriebene Bahn fast stündlich unterwegs. Die beste Gelegenheit, die Gegend näher kennenzulernen! Eine Landschaft voller Wälder und Wiesen. Sattes Grün meist, das den Augen wohltut. Eine knappe halbe Stunde währt die Schienenfahrt von Boppard nach Emmelshausen, von wo eine knapp 5-stündige Wanderung zurück an den Rhein führt. Wer will, kann auch sein Fahrrad auf die Ausflugstour mitnehmen. Für die Überwindung des großen Höhenunterschiedes auf kleinster Strecke mussten die Bauingenieure all ihr Können aufbieten. 3 Jahre Bauzeit hieß das am Anfang des letzten Jahrhunderts. Schwerstarbeit, die bei Felsstürzen auch immer wieder Todesopfer forderte. Letzten Endes aber kam man nicht ohne Zahnradantrieb aus. Erst stärkere Dampfloks ermöglichten es ab 1929, auf der Steilstrecke den sogenannten Reibungsbetrieb einzuführen.

TIPP Geschichte der Hunsrückbahn im Museum in Emmelshausen von Mai bis September an Sonn- und Feiertagen.

Inzwischen steht der Gleisabschnitt unter Denkmalschutz. Bauliches Juwel ist der 150 Meter lange Hubertusviadukt. In 50 Meter Höhe führt er über eine breite Schlucht. Seine ganze Majestät entfaltet der Übergang vom Wanderweg aus, der vom Bahnhof Emmelshausen quer durch den vorderen Hunsrück an den Rhein führt. Fotofreunde sollten allerdings den Fahrplan mit einpacken, damit sie ihr Brückenbild auch mit einem der Triebwagen krönen können, die heute die Strecke problemlos meistern.

Hunsrückbahn, www.hunsrueckbahn.de
ÖPNV: RB, Boppard Bahnhof

Marschall Vorwärts

31 *Blüchermuseum und -denkmal in Kaub*

Der Fingerzeig mit der Rechten zeugt von jener Entschlossenheit, die dem hohen Herrn auf dem Denkmal am Kauber Rheinufer gern nachgesagt wird. Marschall Vowärts nannte man ihn einst stolz. BLUECHER steht in großen Buchstaben auf dem Granitsockel des Monuments, der Name eines der größten deutschen Kriegsherrn. Am Neujahrstag 1814 setzte er im Kampf gegen Napoleon hier mit ersten Truppen über den Rhein, dessen linkes Ufer die Franzosen besetzt hielten.

Es war ein Glücksmoment damals für die deutsche Geschichte. Heute erzählt ein kleines Museum, wie 60.000 Soldaten mit 15.000 Pferden und fast 200 Geschützen zum Jahresanfang den Rhein querten. Schon Silvester war der preußische Schlachtenlenker in Kaub eingetroffen, wo er sein Quartier in einem barocken Palais aufschlug, in dessen Vorderhaus sich jetzt das Museum findet.

Gleich am Neujahrstag setzten erste Kämpfer in Kähnen über den Fluss. Verbündete Truppen schlugen derweil eine Pontonbrücke auf die linke Rheinseite. Vorbei an der Burg Pfalzgrafenstein, die sich heute die Pfalz bei Kaub nennt und eines der populärsten Bildmotive am Mittelrhein ist. Am Abend des 2. Januar stand der Großteil des preußischen Heeres so im Feindesland.

TIPP Das Blüchermuseum ist von April bis Oktober geöffnet.

Eine Tabakdose, ein Handschuh und ein paar andere persönliche Gegenstände erinnern im Blüchermuseum, das man zum 100-jährigen Jubiläum der winterlichen Rheinquerung einrichtete, heute an den Marschall – und natürlich das haushohe Denkmal am Rheinufer, das Ende des 19. Jahrhunderts feierlich enthüllt und schnell zum Zankapfel zwischen Deutschen und Franzosen wurde. Als ein paar Frechdachse unter dem Denkmal nach dem Ersten Weltkrieg den Soldaten auf der französisch besetzten linken Rheinseite ihren nackten Hintern zeigten, setzte ein französischer Stoßtrupp über den Fluss, dessen Männer auf das Kauber Denkmal pinkelten.

Blüchermuseum, Metzgergasse 6, 56349 Kaub am Rhein, Tel. (0 67 74) 4 00
www.bluechermuseum-kaub.de
ÖPNV: RB, Kaub Bahnhof

BLUECHER
HOTEL

Koblenzer Frechdachs

32 *Der Augenroller am Florinsmarkt*

Der Frechdachs haust inmitten der Altstadt. Ein bärtiger Mann mit Landsknechthelm, der den Menschen auf dem Florinsmarkt alle halbe Stunde die Zunge zeigt – zur vollen Stunde sogar öfter. Als Augenroller ist er bekannt, weil er passend zum Pendeltakt der Uhr die Augen rollt. Heute gehört er zu den Wahrzeichen der Stadt und soll der Sage nach an einen gebürtigen Koblenzer erinnern, der die Gegend einst in Angst und Schrecken versetzte: Johann Lutter von Kobern.

Weit ins Mittelalter reicht seine Geschichte. Lange Zeit stand der Adelssohn in Diensten der Trierer Kurfürsten. Hin und wieder aber soll er Kaufleuten und Bauern aufgelauert und sie bestohlen haben. Nachgewiesen wurden ihm die Taten freilich nie. Trotzdem wurde Lutter als Raubritter hingerichtet. „Errichtet mir ein Denkmal, es wird Euch Glück bringen", soll er 1536 auf dem Weg zur Hinrichtung gerufen haben. Auf dem Schaffot, so heißt es, hätte er Richter und Henker mit Grimassen gezeigt, was er von der Koblenzer Rechtsprechung halte.

Die Geschichte um den Ritter ist eine Legende. Historisch unstrittig dagegen ist, dass das Haus am Florinsmarkt bei seiner Umgestaltung im frühen 18. Jahrhundert eine Turmuhr mit einem aus Blech gefertigten Kopf erhielt, der seine Augen bewegen konnte – bis zum Zweiten Weltkrieg, als Haus und Figur schwer beschädigt wurden.

Erst in den 1960er-Jahren erhielten die Koblenzer nach dem Wiederaufbau des Hauses ihren Augenroller zurück, der jetzt allerdings viel kleiner war, den zwischen Rhein und Mosel lebenden Bürgern aber immer noch die Zunge zeigte. Im Stadtarchiv übrigens glaubt man, dass ein Schöffensiegel aus dem 13. Jahrhundert dem ersten Augenroller Vorbild war. Spannender aber ist die Geschichte um den Raubritter. Vor allem, wenn man das Treiben des Frechdachses kleinen Kindern erklären soll!

Augenroller, Florinsmarkt 1 (Altstadt), 56068 Koblenz
ÖPNV: RB, Koblenz Hauptbahnhof

Paradies für Gipfelstürmer

33 *Das Gasthaus auf dem Oelberg im Siebengebirge*

Auf dem weiß gedeckten Tischchen steht ein schwarzes Töpfchen mit Wild. Gefüllt mit Reh, Hirsch und Wildschwein, wie sie im Siebengebirge heimisch sind. Dazu hat der Wirt Klöße, einen gebratenen Zimtapfel, Pilze und einen frischen Salatteller serviert. Ein Gläschen Rheinwein begleitet das Essen bei schönster Weitsicht auf der Terrasse des Gasthauses auf dem Oelberg. Besuchern bietet es nicht nur abwechslungsreiche Gerichte, sondern auch einen der schönsten Sonnenuntergänge über dem Mittelrhein.

Sie bestimmen bei gutem Wetter häufig die Schließzeiten des Gasthauses auf dem gut 460 Meter hohen Gipfel, der höchsten Erhebung im Siebengebirge. Weite Wälder liegen zu seinen Füßen, am Horizont die Eifel – und dazwischen das Rheintal, aus dem der Bonner Posttower wie ein verirrter Riese ragt. Bei bester Sicht soll sich dem Besucher sogar manchmal der Kölner Dom zeigen.

Mit dem biblischen Ölberg in Jerusalem, von dem der wiederauferstandene Jesus in den Himmel auffuhr, hat sein Namensvetter im Siebengebirge aber nichts zu tun. Vielmehr entstammt sein Name einem 1407 erstmals erwähnten Maelberg, aus dem sprachgeschichtlich schließlich der Oelberg wurde.

Schon zu Pfingsten 1834 öffnete auf seinem Gipfel ein Gasthaus, das schnell zu einem Treffpunkt für Wanderer wurde. Wenige Jahre später besuchte es Preußens König. Schließlich waren es rheinische Sozialdemokraten, die gern ihren Sonntagsausflug hierher machten.

Heute führt vom Parkplatz auf der Margarethenhöhe – an der L331 zwischen Ittenbach und Königswinter gelegen – ein Weg zum Gipfel, der aus Naturschutzgründen für Autos gesperrt ist. Besuchern bleibt so nur der fast halbstündige, aber gemütliche Fußmarsch bergauf. Wer sich's traut, kann auch die Direttissima nehmen: einen Pfad, der direkt zum Großen Oelberg führt und Ungeübte schnell ins Schwitzen bringt. Da ist man froh, ganz oben zu sein und hat am Ende vielleicht auch ein knappes Viertelstündchen Zeit gespart!

Gasthaus auf dem Oelberg, Oelbergringweg 100, 53639 Königswinter, Tel. (0 22 23) 2 19 19
www.gasthaus-oelberg.de

ÖPNV: Bus 520 ab Königswinter Bahnhof, Haltestelle Margarethenhöhe (rund 35 Minuten Fußweg)

Wo Mönche Stories ersannen

34 *Abtei Heisterbach*

Es sind nur Ruinen, die von einer der größten Kirchen im Rheinland bis heute übrig geblieben sind. Letzte Reste der Zisterzienserabtei Heisterbach, die einmal als kultureller Leuchtturm galt. Hier im Siebengebirge nämlich entstanden wichtige Zeugnisse mittelalterlichen Lebens. Eines war eine Handschrift des Mönches Caesarius, eines belesenen und umtriebigen Gottesmannes, der auch als erster großer Chronist des rheinischen Karnevals gilt.

Anfang des 13. Jahrhunderts schrieb er seinen „Dialogus magnus visionum ac miraculorum", in dem er unter anderem von einem Metzger in Koblenz erzählte. Der war am Aschermittwoch nicht wie damals üblich zur Kirche gegangen, sondern zum närrischen Nachtrunk ins Wirtshaus, wo er einem Saufkumpanen Asche vom Herd über den Kopf streute und so die Austeilung des Aschenkreuzes verhöhnte. „Aber siehe da", schrieb der Mönch, „sofort ereilte ihn die Strafe für seinen Spott. Um seinen Kopf und sein Gesicht flogen Mengen von Aschestaub, als wenn sie ihm mit Blasbälgen zugeblasen würden." Am Ende jedenfalls sei der Frevler elend erstickt.

Mit solchen Geschichten hielten die Mönche in Heisterbach damals die Menschen bei Laune – obwohl sie sicher meist erfunden waren. Die Abtei jedenfalls rückte so mehr und mehr ins Blickfeld, sodass die Zisterzienser 1237 eine große romanische Kirche bauten. Nach der Säkularisation aber gab man sie Anfang des 19. Jahrhunderts zum Abbruch frei, fanden ihre Steine beim Bau der Koblenzer Festung Ehrenbreitstein Verwendung.

Erst in letzter Minute konnte man die Sprengung des Chores verhindern, dessen Ruine heute an die einstigen Glanzzeiten erinnert. Ganz verschwunden aber ist die klösterliche Tradition nicht. Schwestern vom Orden der Cellitinnen arbeiten und beten bis heute im Kloster Heisterbach, zu dem auch ein Café gehört.

TIPP

Das Kloster liegt an der L268 zwischen Oberdollendorf und Heisterbach.

Abtei Heisterbach, Siegburger Straße 10, 53639 Königswinter
www.abtei-heisterbach.de

ÖPNV: RB, Niederdollendorf Bahnhof, weiter mit Bus 520, Haltestelle Kloster

Moderner Leseort

35 *Die StadtBibliothek Koblenz*

Als Leseratte gehören auch Bibliotheken zu meinen Glücksorten. Schöne alte Lesesäle habe ich genug gesehen, überwältigt aber hat mich eine moderne Bücherhalle: die Koblenzer StadtBibliothek. Ja, richtig gelesen – schon von der Rechtschreibung her setzt sie eigene Akzente!

Auf mehr als 4000 Quadratmetern Fläche, verteilt über mehrere, durch Aufzüge und Rolltreppen verbundene Ebenen, stehen den Besuchern Zehntausende von Medien zur Verfügung: Bücher, Zeitschriften, Zeitungen, E-Books, Hörbücher, Musiknoten, Musik-CDs, Filme, Archivalien – dazu Kopiergeräte und PC-Arbeitsplätze Onlineplätze mit Internetanschluss.

Zum Schmökern gibt es bequeme Sitzlandschaften wie eine Leselounge im fünften Obergeschoss, wo man sich Kurzgeschichten und Gedichte zu Gemüte führen kann. Besonders groß und immer auch aktuell ist das Lesefutter im Erdgeschoss, wo man nicht nur in Tages- und Wochenzeitungen blättern kann, sondern auch in vielen interessanten Zeitschriften und Magazinen. Vor allem im Hochsommer sind die Leseplätze auf der Dachterrasse gefragt, wo ein kühles Lüftchen die Leseratten streichelt. Sollte es oben zu warm werden, drinnen sind alle Räume klimatisiert!

Breit ist auch das Angebot an Kinderbüchern, die in langen Regalen nebeneinanderstehen. Für die Jüngsten ist das ein wahrer Glücksort, vor allem an Regentagen, wenn die Eltern nach passenden Alternativen zum Urlaubsspaß suchen. Ach ja, einen Bücherflohmarkt gibt es auch noch, und zwar in speziellen Regalen im zweiten Obergeschoss, wo man immer wieder Romane, Kinder- und Jugendbücher, aber auch Sachliteratur oder Hörbücher findet. Als Besucher dieses Leseparadieses benötigt man einen Nutzerausweis, den man nach Vorlage des Personalausweises und gegen ein Jahresentgelt an der Information erhält.

Gegenüber der Bibliothek liegen zwei weitere gewichtige Kultureinrichtungen: das Mittelrhein-Museum mit einer sehenswerten Gemälde- und Skulpturensammlung – und das Romanticum, das eine interaktive Zeitreise ins Welterbe „Oberes Mittelrheintal" bietet.

StadtBibliothek Koblenz, Zentralplatz 1, 56068 Koblenz, Tel. (02 61) 1 29 26 26
www.stb.koblenz.de
ÖPNV: RB, Koblenz Hauptbahnhof

Lernen

Zum Sehnsuchtsfelsen

36 *Die Loreley*

Manche halten die Loreley für eine der schönsten Sehenswürdigkeiten im Land, weshalb deutsche Staatsmänner und -frauen Gäste immer wieder gern mit dem Schiff an dem mächtigen Schieferfelsen bei Sankt Goarshausen vorbeiführen. 132 Meter ragt er in den Himmel, eine Steilwand am Rheinufer. Dabei war der Lurlenberg, wie man den Felsklotz im Mittelalter nannte, jahrhundertelang eigentlich nur ein Hindernis für die Schifffahrt.

Das änderte sich zu Zeiten der Romantik, als Dichter, Maler und Musiker die Strahlkraft des Felsens entdeckten. Einer war Clemens von Brentano. Anfang des 19. Jahrhunderts brachte er die Zauberin Lore Lay ins Spiel: „Sie war so schön und feine und riss viele Herzen hin. Und machte viel zuschanden der Männer ringsumher, aus ihren Liebesbanden war keine Rettung mehr."

Brentano gehörte damals zu den Influencern, wie man ihn heute nennen würde. So wie Heinrich Heine, der das 1837 vertonte Lore-Ley-Gedicht schrieb: „Ich weiß nicht, was soll es bedeuten, dass ich so traurig bin. Ein Märchen aus uralten Zeiten, das kommt mir nicht aus dem Sinn ..." Brentano und Heine jedenfalls prägten unsere Vorstellung von der Loreley als einer Nixe, die mit Schönheit und Gesang vorbeifahrende Schiffer in den Bann zog. So heftig manchmal, dass die Bootsleute das Steuern vergaßen und ihre Kähne an den Riffen zerschellten.

TIPP Ein Besucherzentrum auf dem Felsplateau informiert über die Geschichte der Loreley.

Inzwischen ist die Fahrrinne vor dem Schieferfelsen freigesprengt, die Loreley auch ohne Lotsen passierbar. Geblieben aber ist die Faszination für den Felsen – vor allem im Ausland, wo er als ein Stück deutscher Identität gilt, als Ausdruck einer tiefen Sehnsucht. Manchem Betrachter, den ich im Lauf der Jahrzehnte zu Füßen des Felsens getroffen habe, war das auch anzusehen. Seit Neuestem krönt das Felsplateau ein Kultur- und Landschaftspark mit spektakulären Rheinblicken. Der alte Mythos um die Loreley hat so einen neuen Rahmen gefunden!

Loreley, 56346 Sankt Goarshausen
www.loreley-touristik.de
ÖPNV: RB, St. Goarshausen Bahnhof, weiter mit Bus 535, Haltestelle Besucherzentrum Lorely

BOPPARD
BOPPARD
KD

Alte Ritterburg

37 *Auf der Marksburg über Braubach*

Ihre Kopie steht längst in einem japanischen Vergnügungspark, das Original aber noch immer hoch über dem Rhein. Rund 200.000 Besucher einer der schönsten deutschen Ritterburgen wissen das jährlich zu schätzen. Burgkapelle, Rittersaal, Weinkeller und Burgküche sind neben einer mit Waffen gespickten Rüstkammer das ganze Jahr über zu besichtigen: Räume, die vom Mittelalter erzählen – und manche Redewendung von heute mit Leben füllen. Gästeführungen werden auf der Marksburg so auch zum Blick in die deutsche Wortgeschichte. Zum hintergründigen Vortrag über die Wurzeln unserer Sprache.
Große Fässer stehen im Weinkeller, in dem man einiges über die Trinkgewohnheiten im Mittelalter erfährt. Jemandem „klaren oder reinen Wein einschenken" hieß nicht nur im Mittelalter, ihm die Wahrheit zu sagen. Wer dagegen „Wasser in den Wein goss" verdarb schon damals anderen die Freude. In der Burgküche hängt ein Brotkorb, der die Lebensmittel dort vor Ratten und Mäusen schützen sollte. Wenn man also einem „den Brotkorb höher hängte", gönnte man ihm vieles nicht mehr. Die Küche übrigens ist noch heute Synonym fürs Essen, was sich auf aktuellen Speisekarten in Ausdrücken wie „warme und kalte Küche" niederschlägt.
Der Rundgang durch die Marksburg endet in der noch immer betriebsbereiten Burgschmiede mit Amboss und Werkzeug. Auch hier werden ein weiteres Mal bis heute gültige Redewendungen wie „Nägel mit Köpfen machen" lebendig. Nägel nämlich waren nur brauchbar, wenn sie der Schmied mit einem Kopf versehen hatte. Und auch wer einen Fachmann suchte, ging damals wie heute „zum Schmied und nicht zum Schmiedchen".
Mit dem Auto erreicht man die Marksburg über die rechte Rheinuferstraße bis Braubach, von wo aus eine schmale Straße zum im Sommer kostenpflichtigen Burgparkplatz führt. Zum Schluss bleiben noch gut 5 Minuten Fußmarsch bis zur Burg.

TIPP Von März bis November gibt es täglich von 11-17 Uhr Burgführungen. In der Wintersaison von 11-16 Uhr.

Marksburg, 56338 Braubach, Tel. (0 26 27) 2 06
www.marksburg.de

ÖPNV: Marksburgbahn, Rheinstraße 1, nahe Bahnhof und Schiffsanleger der Weißen Flotte, (Ostern-Mitte Oktober), Haltestelle Burg

Zwei starke Rösser

38 *Die Treidelpferde am Rheinufer in Kripp*

Systemrelevant wären sie heute: Die Rösser, die einst die Rheinschiffe bergauf zogen und so für jene Mobilität sorgten, die über Jahrhunderte Handel und Wirtschaft am Rhein belebten. In Remagens Stadtteil Kripp, gleich neben der Autofähre nach Linz, hat man ihnen deshalb ein Denkmal gesetzt und zwei Bronzepferde auf ein Betonfloß gestellt.

Johannes Brus, ein Bildhauer aus Essen, fertigte die Skulptur. Zwei Kaltblüter zeigt sie, einer flussaufwärts, der andere flussabwärts schauend – nicht angeschirrt und befreit von allen Lasten. Zwei scheinbar zufriedene Vierbeiner, denen der Künstler so eine Art ewiges Gnadenbrot verschafft hat. Genau hier, wo einst der Treidelpfad entlangführte. Ein Uferweg, von dem die Pferde die Rheinkähne jahrhundertelang an langen Seilen bergauf zogen.

Für Mensch und Tier war das eine harte Arbeit. Viele Rösser hatten Hüft- und Schulterschmerzen, weil sie die Schiffe an oft schlecht sitzenden Geschirren diagonal durch den Strom ziehen mussten. Wurden die Boote von der Strömung immer weiter vom Ufer weggezogen, riss es Pferde und Mannschaften oft mit in den Rhein. Es war der Tod, der so immer mit auf Reisen war.

Aus bis zu 60 Rössern bestand der Tross der Leinreiter, die zwischen Rotterdam und Basel unterwegs waren. Unpassierbare Uferabschnitte und Flussmündungen versperrten ihnen immer wieder den Weg, sodass die Mannschaften häufig die Seite wechseln und ihre Pferde auf kleinen Booten über den Strom setzen mussten. Ein mühsames Unterfangen, das immer wieder viel Zeit kostete. Höchstens 4 bis 6 Wegstunden, umgerechnet 12 bis 18 Kilometer, kam man so täglich voran. Erst die Dampfschifffahrt machte dem Treideln im frühen 19. Jahrhundert langsam ein Ende – und dem Nebenerwerb mancher Landwirte am Rhein, die ihre Pferde für die Schiffstransporte abstellten.

TIPP Die Skulptur steht am Skulpturenufer Remagen, das 14 moderne Kunstwerke präsentiert.

Skulptur der Treidelpferde, Rheinufer, 53424 Remagen-Kripp

ÖPNV: Bus 852 ab Sinzig Bahnhof, Haltestelle Kripp Fähre

Am Sandstrand

39 *Insel Niederwerth*

„Mitten in dem Rheines Strome liegt die Insel Niederwerth. Hier zu leben und zu wohnen wird von vielen sehr begehrt." So jedenfalls verheißt ein Lied, das die gut 1300 Einwohner auf Deutschlands einziger selbstständiger Flussinselgemeinde vereint. Niederwerth, rund 3 Kilometer nördlich von Koblenz gelegen, hat eine eigene Postleitzahl und ist seit 1958 über eine Brücke mit dem Festland verbunden.

Immer wieder suchen Hochwasser die Gemeinde heim, überschwemmen große Teile der Insel. In manchen Wohnungen stehen die Fluten dann meterhoch. Dass Niederwerth für viele dennoch zu den Glücksorten zählt, liegt am Spargel und den Erdbeeren, die hier reifen. Es sind landwirtschaftliche Produkte, denen Niederwerth auch seine Brücke verdankt. Die nämlich wurde aus Geldern des sogenannten Grünen Plans finanziert, mit dem einst Agrarprojekte gefördert wurden.

Am meisten aber punktet Niederwerth mit seinen Naturstränden – vor allem auch, weil immer weniger Schadstoffe das Wasser im Rhein belasten. Rings um die Südspitze der Insel scharen sich an schönen Tagen so die Sonnenanbeter. Auch die, die sich gern hüllenlos am Sandstrand zeigen. Schließlich, so behaupten zumindest die Einheimischen, sei es auf der Insel meist ein bisschen wärmer als auf dem umliegenden Festland.

Ganz gefahrlos aber ist das Baden im Rhein nicht, manchmal sogar lebensgefährlich. Strudel und Strömungen hat schon mancher Schwimmer unterschätzt – und auch in der Fahrrinne der Schiffe haben Badegäste eigentlich nichts verloren. Wer das alles aber beherzigt, für den können Sommer und Herbst zu paradiesischen Zeiten am Mittelrhein werden. Badespaß pur – und das alles zum Nulltarif!

Und so erreicht man die Strände: Von Vallendar, das gegenüber von Niederwerth liegt, führt ein gut 10-minütiger Fußmarsch über die Brücke. Offizielle Parkplätze auf der Insel sind rar, die Inselstrände zudem nicht über Straßen erschlossen. So bleibt nur ein rund 20- bis 25-minütiger Anmarsch.

Insel Niederwerth, 56179 Niederwerth
ÖPNV: RB, Vallendar Bahnhof (rund 10 Minuten Fußweg)

Weingebiet Bopparder Hamm

40 *Einkehr im Weingut Didinger*

Didinger ist ein Weingut wie viele am Mittelrhein. Ein kleiner Familienbetrieb, direkt an der Uferstraße gelegen. Mit einem außer Mittwoch täglich geöffneten Gutssauschank, der neben eigenen Weinen und alkoholfreien Getränken auch Kleinigkeiten serviert: Hausmacher Wurst zum Beispiel oder Forellenfilets mit Meerrettich und verschiedenen Sorten Brot. Die Didingers wirtschaften rechts vom Rhein, ihre Schätze aber reifen auf der Flussseite gegenüber: im Bopparder Hamm, einer der großen Weinadressen Deutschlands.

Von der Terrasse des Weinguts führt der Blick auf die flurbereinigten Rebanlagen gegenüber. Dass die Trauben hier auf steilen Südhängen wachsen, liegt an der größten Schleife, die der Rhein – nachdem er Boppard passiert hat – macht. Statt wie gewohnt nach Norden fließt er plötzlich für ein paar Kilometer Richtung Osten. Zur Freude der Winzer, die diese Streckenführung seit Jahrhunderten zum Weinanbau nutzen.

Schon zu Kaiser Karls Zeiten wurde rund um Boppard Wein gekeltert, bewirtschafteten Klöster, Stifte und der Staat die Hänge am Rheinufer. Später waren es die Bürger, die sich im Hamm etwas zu ihrem kargen Lohn dazuverdienten. Ende des 19. Jahrhunderts aber vernichtete die Reblaus die Anlagen, die nur mühsam wieder neu bestückt wurden – vor allem mit Riesling. Der Sorte, die heute die größte zusammenhängende Rebfläche am Mittelrhein bestimmt. In den letzten Jahren aber reifen zunehmend auch Rotweine wie Spätburgunder oder Dornfelder im Bopparder Hamm.

Im Weingut Didinger sind viele zu probieren, auch Spezialitäten aus den Einzellagen Fässerlay oder Mandelstein. Früher produzierte man Menge im Bopparder Hamm, heute Güte. Deshalb hat man die Rebfläche in den letzten Jahrzehnten um rund ein Viertel verkleinert. Bei Didinger ist das zu schmecken: Nach Pfirsich oder Aprikosen munden die Rieslinge, die roten Weine nach Kirschen oder Waldbeeren.

Weingut Didinger, Rheinuferstraße 13, 56340 Osterspai, Tel. (0 26 27) 5 12
www.weingut-didinger.de
ÖPNV: RB, Osterspai Bahnhof

BOPPARDER
HAMM
Feine Butter

Hartherziger Erzbischof

41 *Der Mäuseturm in Bingerbrück*

Schon als Kind hat mich der steinerne Turm fast mitten im Rhein beeindruckt. Das lag an meinem Vater, der mir immer, wenn wir am Mäuseturm vorbeikamen, von einem Mainzer Erzbischof erzählte. Von einem hartherzigen Tyrannen, der sich während einer großen Hungersnot weigerte, seine vollen Kornkammern zu öffnen. Als die Menschen daraufhin wütend vor seinen Palast zogen, ließ er sie in eine Scheune sperren und verbrennen. „Hört ihr, wie die Kornmäuse pfeifen!", soll er den in den Flammen um Hilfe Schreienden zugerufen haben.
Schon bald darauf aber eroberten Massen von Mäusen seinen Mainzer Bischofspalast, sodass er auf einer kleinen Rheininsel unweit der Nahemündung Schutz suchte. In einer Zollstation dort hängten ihm seine Diener das Bett zum Schutz gegen neue Mäuseattacken an Ketten auf. Kaum aber hatte er sich zum Schlafen gelegt, rückten auch dort die Nager an und fraßen den Gottesmann auf. Noch heute, so erzählt man sich am Mittelrhein, umwehe der Geist des Erzbischofs während stürmischer Nächte in Gestalt einer grauen Wolke den Mäuseturm, da der grausame Geizhals noch immer keine Ruhe gefunden habe.
Historisch erwiesen ist freilich nur, dass der vermutlich im 14. Jahrhundert errichtete Mäuseturm im 17. Jahrhundert komplett zerstört und erst Mitte des 19. Jahrhunderts vom preußischen König im neogotischen Stil wieder aufgebaut wurde. Mehr als ein Jahrhundert wurde mit Signalen vom Mäuseturm aus die Rheinschifffahrt durchs Binger Loch gesteuert, bis in den 1970er-Jahren die Verbreiterung der Fahrrinne diese Regelung des Schiffsverkehrs überflüssig machte. Übrigens: Vom Binger Loch an steigt die Fließgeschwindigkeit des Rheines, fällt der Fluss – umgerechnet auf den Stromkilometer – stärker. Für Paddler, Kanuten und andere Wassersportler ist das von Vorteil, beschleunigt der Mittelrhein doch das Tempo erheblich!

TIPP Der von Zinnen gekrönte Turm ist nur wenige Tage im Jahr mit dem Schiff für Besucher zugänglich.

Mäuseturm, 55411 Bingen-Bingerbrück
www.bingen.de
ÖPNV: RB, Bingen Hauptbahnhof

Auf zum Klettern!

42 *Das Morgenbachtal*

In Trechtingshausen beginnt unterhalb der Burg Reichenstein ein ausgeschilderter Wanderweg ins Morgenbachtal. Steil und zum Teil überhängend sind dort die Felswände. So wie die Frankfurter Wand, deren Name schon andeutet, wer hier unterwegs ist: Kletterfreunde aus dem ganzen Rhein-Main-Gebiet. Manche kommen von noch weiter her. Denn kein anderes Revier am Mittelrhein bietet denen, die mit Muskelkraft und am Seil gesichert die Natur erobern wollen, so gute Voraussetzungen wie dieses Naturschutzgebiet.

Seinen Namen verdankt es dem Morgenbach, der im Binger Stadtwald entspringt. Mit seinen vielen Felspartien und einigen Wasserfällen gehört das Morgenbachtal zu den schönsten Seitentälern des Mittelrheines – obwohl es Unwetter und Stürme immer wieder heftig heimgesucht und Teile der Wege rechts und links des Baches verwüstet haben. Wanderer sollten das wissen und sich vorher informieren, ob die Route auch offen ist.

Beliebt ist das fast durchgängig bewaldete Tal vor allem im Sommer, ist es unter den Bäumen doch meist um einige Grad kühler als in den Städten am Rhein. Wie Wolkenkratzer ragen ein paar kahle Felswände aus dem grünen Umfeld. Kletterern bieten sie über 100 verschiedene Routen in allen Schwierigkeitsgraden.

Auch Anfänger finden im Morgenbachtal geeignete Kraxelwege. Ihnen kommt das mit Quarz vermischte kristalline Schiefergestein zugute, das einen festeren Halt als andere Felsformationen gibt. Kein Wunder, dass vor allem an Wochenenden und Feiertagen die Felsen viel Zulauf haben. Wer es einrichten kann, sollte deshalb zum Klettern an einem normalen Wochentag kommen!

Betreut wird das Felsgebiet im Morgenbachtal von der Sektion Mainz des Deutschen Alpenvereins, die mit der Ortsgemeinde Trechtingshausen einen Vertrag über die Nutzung der Kletterfelsen abgeschlossen hat.

Morgenbachtal, 55413 Trechtingshausen

ÖPNV: RB, Trechtingshausen Bahnhof

43 *Das Günderodehaus in Oberwesel*

Vor einem stehen Kaffee, Brot und Hefezopf, hausgemachte Marmelade, Kräuterquark und Wurst. Auch eine kleine Auswahl Käse und Ei finden sich auf dem Frühstückstisch. Frühabends ist es ein Gläschen Wein oder ein Cocktail, die den Tag gemütlich enden lassen. Zum Glücksort aber macht die Terrasse unter dem großen Kastanienbaum die einmalige Aussicht: der Blick auf Oberwesel und das Mittelrheintal. Tief unten liegt majestätisch der Fluss, den nur die Uferhänge daran hindern, sich noch breiter zu machen.

Ein besonderer Ort aber ist das Günderodehaus für Filmfreunde. Hier hoch über dem Rhein hatte der Regisseur Edgar Reitz das letzte Kapitel seiner Filmtrilogie „Heimat" unter anderem verortet. Doch was aussieht, als würde es schon immer existieren, ist nur Kulisse: ein Fachwerkensemble, das man im Hunsrück abtragen ließ und hier wieder aufbaute. Günderodehaus nannte man das Anwesen und schuf damit einen zweiten Mythos. Der gaukelte vor, hier hätte die romantische Dichterin Karoline von Günderode (1780–1806) gelebt. In Wahrheit aber war die im Rheingau zu Hause. Ihre Liebesbriefe an einen Universitätsgelehrten halten Literaturkenner für mit die schönsten in deutscher Sprache. „In die heitre freie Bläue, in die unbegränzte Weite will ich wandeln, will ich wallen. Nichts soll meine Schritte fesseln ..." Sätze wie diese gewinnen bei blauem Himmel auf der Terrasse des Günderodehauses mit dem grandiosen Weitblick so ganz neues Gewicht.

Das Günderodehaus erreicht man am besten zu Fuß. Besonders schön ist der gut halbstündige Fußweg vom Rheinufer in Oberwesel, wo es an der Bundesstraße genügend Parkmöglichkeiten gibt. Er verläuft durch die Altstadt zum Marktplatz. Dann weiter entlang der Koblenzer Straße zum Ortsausgang, wo der Rheinburgenweg Richtung Siebenjungfrauenblick führt.

Günderodehaus, Siebenjungfrauenblick, 55430 Oberwesel, Tel. (0 67 44) 71 40 11
www.guenderodefilmhaus.de
ÖPNV: RB, Oberwesel Bahnhof

Fährmann, hol' über!

44 *Rheinfähre Loreley*

Hin und her, immer wieder quer über den Rhein. Von frühmorgens bis spätabends. In Spitzenzeiten alle Viertelstunde. Seit 1794 ist die Fähre zwischen St. Goar und St. Goarshausen in der Hand eines Familienunternehmens. Es hatte zuerst eine dampfbetriebene Fähre am Mittelrhein im Einsatz. Heute sind es starke Dieselmotoren, mit deren Hilfe die großen Autofähren vom einen zum anderen Ufer übersetzen.

Für viele Tausend Menschen am Mittelrhein sind die Fähren wahre Glücksorte. Weil die nächsten Brücken sich in Mainz oder Koblenz finden, sind sie auf die Wassertransporter angewiesen. Sie ersparen auf dem Weg zur Arbeit oft 1 bis 2 Stunden Fahrzeit täglich. Wertvolle Zeit, die sonst verloren wäre! Doch die Fähren sind mehr als ein Transportmittel. Sie gehören zum Rheintal wie die Burgen!

Schon im 1. Jahrtausend querten die Menschen den Fluss auf einfachen Flößen, die mithilfe der Strömung zum anderen Ufer trieben und dann wieder mühsam zurückgezogen wurden. Sogenannte Fährknechte waren dafür verantwortlich. Im Lauf der Jahrhunderte aber wurde das Fährwesen immer mehr professionalisiert.

TIPP Die Loreley-Fähre verkehrt täglich bis 21 Uhr – werktags ab 5.30 Uhr, am Wochenende ab 10 Uhr.

So entstand die sogenannte „Fliegende Brücke". Sie bestand aus zwei an ein Seil gebundenen Nachen, die mithilfe der Strömung hin und her pendelten. Noch heute erinnert das „Fest der fliegenden Brücke" am Ostermontag an diese Zeiten am Mittelrhein, als man den Fährmännern von St. Goar und St. Goarshausen als Dank für ihre Dienste zu Ostern größere Mengen Eier und andere Naturalien zukommen ließ.

Mit dem Automobilzeitalter wurden die Fährschiffe größer, was auch der stärkeren Strömung durch den Rheinausbau geschuldet war. Gleichzeitig baute man die Zufahrtsrampen hochwassersicherer aus. Trotzdem müssen die Fähren am Rhein immer wieder ihren Betrieb kurzfristig einstellen – immer häufiger allerdings wegen Niedrigwasser.

Rheinfähre Loreley, zwischen St. Goarshausen und St. Goar
www.faehre-loreley.de
ÖPNV: RB, St. Goarshausen bzw. St. Goar Bahnhof

Erfolgreicher Rennfahrer

45 *Das Caracciola-Denkmal in Remagen*

Es ist der legendäre „Silberpfeil", den er fast zärtlich in den Händen auf seinem Schoß hält. Sein Lieblingsauto, mit dem er zahllose Grand-Prix-Rennen gewann. Daneben prangt der Mercedesstern, das Logo seines Rennstalls, der auch das Denkmal aus Basaltstein sponserte. Es erinnert an Rudolf Caracciola, an den größten Sohn Remagens und einen Rennfahrer mit Weltruf.

Caracciolas Denkmal, aufgestellt zu seinem 100. Geburtstag im Jahr 2001, steht unweit des Rheinufers in Remagens Deichweg. Nur ein paar Schritte weiter führten seine Eltern einst ein Nobelhotel. Schon mit 15 Jahren durfte Rudolf mit einer Sondererlaubnis seinen Führerschein machen – und Mercedes fahren. Seine Karriere als Rennfahrer aber startete er auf einem Motorrad, ehe er sich in die Riege der Werkspiloten reihte und erste Siege feierte.

Rund 50 Kilometer östlich von Remagen aber verbuchte er seine größten Erfolge. Auf dem damals neu erbauten Nürburgring, einem Rennkurs in der Eifel, wo er sich atemberaubende Duelle mit anderen Rennlegenden lieferte. Vor allem bei schlechtem Wetter blieb der „Regenmeister" Caracciola meist Sieger.

Immer wieder zwangen ihn spektakuläre Unfälle zu Pausen. Doch Caracciola gab nie auf. Zu groß war sein Ehrgeiz, der Hunger nach Weltrekorden. Einer war mit knapp 433 km/h der Autobahngeschwindigkeitsrekord. Und auch manches Bergrennen beendete er als Bester. 1959 starb Caracciola – volkstümlich Caratsch genannt – an Leberversagen. Viele Geschichten und Legenden ranken sich um den Remagener Rennfahrer, der einen Großteil seines Lebens in der Schweiz wohnte. Auf dem Denkmalsockel wird der einstige Mercedes-Benz-Rennleiter Alfred Neubauer zitiert: „Meiner Meinung nach ist von allen Fahrern der ganzen Welt Rudolf Caracciola der größte gewesen." Michael Schumacher und Sebastian Vettel hat das Urteil sicher angespornt!

Rudolf Caracciola-Denkmal, Deichweg 9, 53424 Remagen
www.rudolfcaracciola.org
ÖPNV: RB, Remagen Bahnhof

RUDOLF CARACCIOLA * 1901
VER-
VEREIN
DAIMLER
CHRYSLER
A.G.
2001

Ein Lichterspektakel

46 *Rhein in Flammen*

Leuchtend rot scheinen die Zinnen der Burg. Dahinter erhellen feurige Sterne den Nachthimmel. In tiefes Blau ist das benachbarte Schloss getaucht, über dem krachend bunte Träume zerplatzen. Wie jedes Jahr verzaubern Feuerwerk und bengalische Lichter die Massen am Ufer des Rheins, auf dem eine Armada festlich illuminierter Schiffe entlanggleitet. „Rhein in Flammen" heißt der größte Besuchermagnet am Mittelrhein, der an fünf Sommerabenden zwischen Mai und September den Rhein samt seinen Sehenswürdigkeiten in neues Licht rückt.

Schon Mitte des 18. Jahrhunderts genossen die Koblenzer ähnliche Erfahrungen, als sie ihrem Kurfürsten zu Ehren, der am Rhein seine Sommerresidenz hatte, große Feuerwerke abbrannten. Und besonders in Erinnerung blieben ihnen die Lärm- und Lichterspektakel, die man 1845 für Englands Königin Viktoria bei ihrem Deutschlandbesuch am und auf dem Rhein in Szene setzte.

„Rhein in Flammen" aber kam erst in den 1930er-Jahren in Mode und wurde schon bald nach Ende des Zweiten Weltkriegs wiederbelebt. Zur touristischen Marke wurde die Veranstaltung freilich erst in den letzten Jahrzehnten. Denn genauer betrachtet verkörpert „Rhein in Flammen" eine neue Rheinromantik, bei der nicht mehr wie noch vor rund 200 Jahren das individuelle Erleben von Landschaft und Natur im Mittelpunkt steht. Heute ist es eine kollektive Lebenslust, die sich einmal im Jahr an wechselnden Orten zwischen Bonn und Rüdesheim Bahn bricht. Ein Glücksort mit immer neuem Gesicht, den man am besten gemeinsam mit Freunden erobert.

Die jährlichen Veranstaltungen finden an folgenden Orten und Terminen statt: am ersten Samstag im Mai zwischen Linz und Bonn, am ersten Samstag im Juli zwischen Trechtingshausen und Rüdesheim, am zweiten Samstag im August zwischen Osterspai und Koblenz, am zweiten Samstag im September zwischen St. Goar und Oberwesel und am dritten Samstag im September in St. Goar und St. Goarshausen.

Rhein in Flammen, diverse Veranstaltungsorte
www.rhein-in-flammen.com
ÖPNV: Alle Orte sind per Bahn oder Bus zu erreichen. Vielerorts laden Veranstalter zu passenden Schiffstouren.

Ein Traum für Pedalritter

47 *Der Rheinradweg*

Frischluftfanatiker erobern den Mittelrhein zu Fuß – oder immer häufiger per Rad. Dazu braucht es kein Mountainbike, keinen Schickimicki-Drahtesel mit vielen Gängen und auch kein Pedelec. Es reicht das einfachste Modell! Auf der rund 150 Kilometer langen Strecke zwischen Bingen und Bonn nämlich geht es ganz sanft bergab, stellt der Weg keine großen konditionellen Ansprüche – allenfalls schlechtes Wetter kann das Glück der Pedalritter trüben.

Linksrheinisch ist der Rheinradweg von Bingen bis Bonn als eigenständiger Radweg ausgebaut, rechtsrheinisch wird es schon bald so weit sein. Jeder kann seine Route dann individuell zusammenstellen. Denn kaum ein anderer Radweg erlaubt so viele Reisevarianten: Fähren machen es immer wieder möglich, vom einen ans andere Ufer zu wechseln. Und von Ostern bis in den Herbst kann man zudem problemlos aufs Schiff umsteigen, das einen ebenso wie die am Rhein entlangführende Eisenbahn ein paar Kilometer weiterbringt, wenn einem die Beine zu schwer geworden sind.

Quartiere gibt es unterwegs genügend – und zur Einkehr laden Cafés, Pommesbuden, Restaurants, Bistros, Winzerstuben und andere gastliche Stätten, die auch mal nur ein Metzger- oder Bäckerladen sein können. Das Glück trüben allenfalls die lärmenden Güterzüge auf beiden Rheinseiten und Autoabgase, führt der Rheinradweg doch vielerorts auf eigener Trasse parallel zu den flussnahen Bundesstraßen.

Es gibt Menschen, welche den Rheinradweg als Rennstrecke begreifen und in einem Tag von Bingen nach Bonn radeln. Mit Glück hat das nichts zu tun, eher mit Ignoranz von Natur, Kunst und Kultur. Mehr als andere Strecken nämlich sollte man den Rheinradweg als Tour zur Entschleunigung begreifen, den Weg als Ziel sehen. Und weil er vor allem im Sommer immer häufiger genutzt wird, kann er auch zum Treffpunkt werden, der ganz neue Erlebnisse mit sich bringt. Da kann einem an jeder Ecke neues Glück winken!

Rheinradweg zwischen Bingen und Bonn
www.de.eurovelo.com
ÖPNV: Alle größeren Gemeinden entlang des Weges sind mit der Bahn zu erreichen.

Felsplateau mit Geschichte

48 *Der Rittersturz in Koblenz*

Weit über den Rhein blickt man von dem kleinen Gedenkort im Koblenzer Süden. Es ist ein Blick vom Waldrand in die Ferne. Einer, den im Juli 1948 auch die Männer und eine Frau vor Augen hatten, die hier die Bundesrepublik mit aus der Taufe hoben: die Regierungschefs der westlichen deutschen Bundesländer und die amtierende Oberbürgermeisterin von Berlin, Louise Schroeder. Als Rittersturzkonferenz ging ihr Treffen in die Geschichte ein. Ein gutes Jahr später, das Grundgesetz war inzwischen verabschiedet und der erste Bundestag gewählt, kamen die Ministerpräsidenten erneut auf dem Rittersturz zusammen, um die letzten Entscheidungen für die Staatsgründung zu treffen.

An diese Zeit erinnern heute ein paar Informationstafeln mit Fotos von damals. Hier auf dem Hochplateau nämlich wurde jener Staat geschaffen, der längst auch mit jenem Landesteil wieder zusammengewachsen ist, der damals die sowjetisch besetzte Zone bildete und an den Rittersturzkonferenzen nicht teilnahm.

Der Volksmund erklärt den Namen des Felsplateaus hoch über dem Rheinufer mit einem mittelalterlichen Ritter, der hier angeblich zu Tode stürzte. Größere Beachtung freilich fand der Rittersturz erst Ende der 1920er-Jahre, als eine Standseilbahn den manchmal schweißtreibenden Anstieg aus der Stadt ersparte und das hier einst stehende Berghotel zum Ausflugs- und Tagungsort machte.

Seilbahn und Hotel sind längst verschwunden. Nur noch eine mächtige Stele erinnert heute an die Treffen der Politiker. Die einen sehen in der dreigliedrigen Basaltsäule die Träger der Demokratie verkörpert: Legislative, Exekutive und Judikative. Andere wollen in ihr die drei Westzonen verkörpert sehen. Glück jedenfalls haben die Tagungen hier uns Deutschen so oder so gebracht!

Als Fußgänger erreicht man den Rittersturz von Koblenz über den RheinBurgen-Weg. Mit dem Auto kann man den Gedenkort auf kleinen Straßen von der Bundesstraße 327 über das Forsthaus Kühkopf oder direkt vom Koblenzer Süden aus anfahren.

Rittersturz, 56075 Koblenz
ÖPNV: RB, Koblenz Hauptbahnhof

Besuch am Limes

49 *Die RömerWelt in Rheinbrohl*

Ohne die Römer, meine ich, hätten die Menschen am Rhein nicht zu jener Lebenslust gefunden, die jedes Jahr in den Tagen vor Aschermittwoch – Fastnacht oder Karneval nennen sie die Zeit am Mittelrhein – ihren Höhepunkt erreicht. Klar, dass deshalb auch ein Museum zu meinen Glücksorten gehört, das zeigt, wie fortschrittlich die Römer waren. So gab es schon in den Jahrzehnten um Christi Geburt eine Handvoll Brücken über den Rhein. Flussübergänge, welche die Macht der Römer demonstrieren sollten, die sie mit ihren Bauten über den Fluss auch denen auf der rechten Rheinseite zeigten.

In Rheinbrohls RömerWelt erinnert daran eine nachgebaute Pfahlramme. Mit ihrer Hilfe trieb man einst von fest im Strom verankerten Flößen aus die Stützpfähle für die Holzbrücken in den Strom. Schwere Steinblöcke dienten als Rammbock. Aber nicht nur um Technik geht es in der RömerWelt. An einem Ofen, wie ihn fast jede römische Villa hatte, wird demonstriert, wie man damals kochte, zum Beispiel Puls, einen Brei aus Getreide, Gemüse und Kräutern.

TIPP Die RömerWelt ist von Mitte März bis Mitte November geöffnet.

In der RömerWelt wird vor allem der Alltag der römischen Soldaten dokumentiert. Denn in Rheinbrohl, heute eine gute halbe Autostunde nördlich von Koblenz, begann der römische Limes. Mehr als 100 Militärlager und fast 1000 Wachtürme reihten sich in den ersten Jahrhunderten durch Wälder und Wiesen gut 500 Kilometer lang vom Rhein zur Donau und trennten so die Reiche der Germanen von dem der Römer.

Wer Zeit und Lust hat, startet an der RömerWelt gleich zu einer knapp 2,5-stündigen Rundwanderung am alten Limes entlang, vorbei an nachgebauten Palisaden und Wällen. Sogar einen Wachturm hat man rekonstruiert. Genutzt haben die Verteidigungsanlagen auf Dauer allerdings wenig. Als ihr Unterhalt schließlich zu teuer wurde, gab man sie auf. Wenig später war das Römerreich dann nur noch Geschichte.

RömerWelt am Caput Limitis, Arienheller 1, 56598 Rheinbrohl, Tel. (0 26 35) 92 18 66
www.roemer-welt.de

ÖPNV: Bus 170, Haltestelle Rheinbrohl-Berufsbildungszentrum (rund 12 Minuten Fußweg)

Fachwerk wie im Bilderbuch

50 *Rund um das Alte Rathaus in Rhens*

Ich gebe zu: Fachwerk finde ich schön. Irgendwie verbinde ich damit Individualität und Gemütlichkeit. Das Gegenteil stromlinienförmigen und schnellen Wachstums jedenfalls! Deswegen gehört Rhens, die kleine Stadt zwischen Koblenz und Boppard, für mich zu den Glücksorten. Wie aus dem Bilderbuch reihen sich dort im Zentrum sehenswerte Fachwerkbauten. Das Alte Rathaus ist das älteste. Ein Bau aus dem Spätmittelalter, sorgsam und gründlichst saniert – ein Leuchtturm kommunaler Selbstverwaltung. Vor ihm steht der Ochsenbrunnen, eine moderne Plastik. Sie zeigt einen Bauern, der seinen Ochsen zur Tränke getrieben hat – so wie jahrhundertelang üblich.

Herausgeputzt sind auch die Fachwerkbauten hinter dem Denkmal im heute kleinen Rhens, in dem lange Zeit einmal große Politik gemacht wurde. Vier jener sieben deutschen Kurfürstentümer, die einst den deutschen König wählten, lagen nämlich in der Nachbarschaft. Im Jahr 1338 gründeten ihre Repräsentanten deshalb den „Churverein zu Rhense“: eine Herrenrunde, die in Rhens gern die deutschen Könige auskungelte. An diese Zeit erinnert auch die größte Sehenswürdigkeit der Stadt, der sogenannte Königstuhl. Ende des 14. Jahrhunderts setzte man ihn ans Rheinufer. Gut vier Jahrhunderte später zerstörten ihn die Franzosen, die für feudale Herrschaften damals wenig übrig hatten. Doch schon eine Generation später baute man einen neuen Königstuhl. Den aber setzte man 1929 nicht mehr an den Rhein, sondern auf die andere Seite der Bundesstraße (B9), die heute am Stadtkern vorbeiführt.

Der aber hat noch immer eine Stippvisite verdient. Wie gesagt, seiner vielen sehenswerten Fachwerkbauten wegen. Sie zu entdecken lohnt sich! Am besten mit einem Fernglas, um die vielen Details genauer unter die Lupe zu nehmen. Den hölzernen Zierrat, der aus jedem Haus ein Unikat gemacht hat.

Innenstadt von Rhens, 56321 Rhens
www.erlebnis-rheinbogen.de
ÖPNV: RB, Rhens Bahnhof

Zum alten Fritz
Königsbacher
ERDINGER
Hier

Rheinischer Grand Canyon

51 *Unterwegs auf dem Rheinsteig*

Das Wandern ist längst nicht mehr nur des Müllers Lust. Das merkt jeder, der auf dem Rheinsteig unterwegs ist. Hunderttausende haben das inzwischen schon hinter sich. Den Mittelrhein so in 2 bis 3 Wochen an einem Stück erobert – oder abschnittsweise im Lauf der Zeit. Im Frühjahr, wenn sich das Grün am Ufer seine Bahn bricht. Im Sommer, wenn die Sonne dem Wanderer immer neue Schweißperlen auf die Stirn treibt. Im Herbst, wenn das Laub in allen Farben glänzt und die Winzer ihre Ernte einbringen. Oder auch im Winter, wenn man oft stundenlang den Weg ganz für sich allein hat.

320 Kilometer ist der Rheinsteig zwischen Bonn und Wiesbaden lang: knapp 10.000 Höhenmeter bergab und bergauf. Ein anspruchsvoller Pfad mit gelegentlich alpinem Charakter. Ein als Flusslauf stilisiertes „R" und der Schriftzug „Rheinsteig" führen den Wanderer: mehr als 8000 blaue Markierungen auf Schildern und Bäumen, aber auch zu finden an Felsen und Mauern. Meist ganz einfach, sodass man sich eigentlich nicht verlaufen kann – ein Premiumweg eben! Gelb markierte Wege sind unterwegs eine Art Notausgang und weisen zum nächsten Bahnhof. Ein bisschen Fitness verlangt der Rheinsteig aber schon und auf alle Fälle auch Trittsicherheit. Hin und wieder helfen Seilsicherungen und für unterwegs sollte man immer etwas zum Trinken mitnehmen, wenn der Weg nicht zur Durststrecke werden soll!

TIPP Als Königsetappe gilt das Teilstück (21 km) zwischen St. Goarshausen und Kaub an der Loreley vorbei.

Als „Grand Canyon der Romantik" etikettiert man den Rheinsteig gern – eine Anspielung auf das frühe 19. Jahrhundert, als man das Rheintal touristisch entdeckte. Auch Karl Baedeker, der erste bekannte Reisebuchautor und mit seinem Verlag in Koblenz zu Hause, empfahl damals allen, den Mittelrhein per pedes zu erobern. Es sei die genussreichste Art der Reise. „Wer frisch umherschaut mit gesunden Sinnen, wird auf einer Fußwanderung am besten all die Schönheiten auffinden, welche das gesegnete Rheinthal in so reichem Maße darbietet."

Rheinsteig zwischen Bonn und Wiesbaden
www.rheinsteig.de
ÖPNV: Alle Etappenziele des Rheinsteigs sind mit Bahn oder Bus zu erreichen.

Wertvolles Industrie-Denkmal

52 *Die Sayner Hütte in Bendorf*

Es ist ein bisschen wie bei Dornröschen, der Märchenfee, die nach 100-jährigem Schlaf wieder wachgeküsst wurde. In Sayn ist das Dornröschen ein Industriedenkmal von Weltrang: die 1830 erbaute Gießhalle mit Hochofen. Sie gilt als die älteste noch erhaltene Werkshalle mit einer tragenden Gusseisenkonstruktion. Ein robustes und doch filigranes Konstrukt, das heute nicht nur Architekten fasziniert.

Über Jahre sorgsam restauriert gleicht der Bau – als „Historisches Wahrzeichen der Ingenieurbaukunst" von der Bundesingenieurkammer geadelt – mit seinen von eisernen Rippen durchzogenen Glasfronten im Mittelschiff und den Spitzbögen in den Seitenschiffen mehr einer gotischen Kathedrale als einer Industrieanlage. Kein Wunder, dass die einstige Werkhalle samt ihren Kranen heute als Kulturtempel dient. Als Ort der Kunst und Kultur, der einen faszinierenden Einblick in die Frühzeiten der Industrialisierung gibt, als auf der Sayner Hütte Eisen seine Form fand.

Licht- und Tonprojektionen begleiten den Besucher auf seinem Hallenrundgang. Lassen ihn mittels „augmented reality", also computergestützter Sinneswahrnehmung, erleben, wie es hier 1830 einmal ausgesehen hat. Es ist ein Ausflug in jene Ära, in der man mit der Produktion von Kanonen, Schienen und Rohren den Grundstein für Deutschlands Aufstieg nicht nur zur wirtschaftlichen Weltmacht legte.

In der benachbarten Krupp'schen Halle, einer 1908 erbauten Maschinenfabrik, informiert ein Besucherzentrum über die Geschichte der Sayner Hütte, die 1817 mit der Produktion von Kunstguss begonnen hatte. Im sogenannten Arkadengebäude, der ehemaligen Eisenkunstgussmanufaktur, wird ab 2021 schließlich zu sehen sein, was die einst dem preußischen Staat gehörende Hütte produzierte: Kunstwerke wie Leuchter, Teller oder Schmuck zum Beispiel, die auf vielen großen Ausstellungen in aller Welt Bewunderung fanden.

Denkmalareal Sayner Hütte, In der Sayner Hütte (Anfahrt über Althansweg), 56170 Bendorf-Sayn, Tel. (0 26 22) 9 84 95 50, www.saynerhuette.org

ÖPNV: Bus 8 ab Koblenz Hauptbahnhof, Haltestelle Schloss Sayn (rund 8 Minuten Fußweg)

Geduld ist gefragt

53 *Im Garten des Adenauerhauses in Rhöndorf*

Konrad Adenauer war Politiker. Einer der ganz Großen, dem Deutschland viel zu verdanken hat. Schließlich stellte er nach dem Zweiten Weltkrieg die Weichen für den Wiederaufbau. Und so engagiert, wie er Politik machte, kümmerte er sich übrigens auch um seinen Garten. Er war das Prunkstück seines Hauses in Rhöndorf – auch heute noch, wovon sich jeder bei der Besichtigung des Anwesens ein Bild machen kann.

Steinmauern gliedern den am Hang liegenden Garten, durch den eine Treppe zum Wohnhaus führt. Oleander, Kamelien und Rhododendren fühlen sich hier wohl – auch ein Feigenbaum, dessen Früchte Adenauers Enkel angeblich besonders schätzten. Vor allem aber ist sein Garten ein Hort für Rosen, seine Lieblingsblume. Ich kenne keine Blume, soll er einmal gesagt haben, „die so dankbar ist, die bei guter Pflege vom frühen Sommer bis spät und tief in den Herbst hinein uns immer wieder neue Blumen schenkt".

Ins Auge fällt auch ein runder Pavillon, den sich Deutschlands erster Bundeskanzler von seinem Schwiegersohn entwerfen ließ. Hier schrieb er große Teile seiner „Erinnerungen", seiner mehrbändigen Memoiren. Zwischen seiner Zeit als Kölner Oberbürgermeister, den die Nationalsozialisten aus dem Amt warfen, und seiner Rückkehr in die deutsche Nachkriegspolitik verbrachte Adenauer viel Zeit in seinem grünen Refugium. Es war Homeoffice und Freizeitort zugleich, ein Platz zur Arbeit und Einkehr. Vor allem aber auch eine kleine Speisekammer, die fast immer gefüllt war.

TIPP Das Adenauerhaus ist täglich außer montags geöffnet.

In seinem Garten sah Adenauer den Bäumen beim Wachsen zu, dem Gemüse beim Gedeihen. Es waren Beobachtungen, die ihn zur Erkenntnis brachten: „Man muß Geduld haben, wenn man etwas erreichen will, in der Natur und in der Politik." Für Adenauer war der Garten so ein Ort der Ruhe und Entspannung, aber auch Platz, um neue Kraft zu tanken. Ein Glücksort eben!

Adenauerhaus mit Garten, Konrad-Adenauer-Straße 8 c, 53604 Bad Honnef-Rhöndorf
www.adenauerhaus.de
ÖPNV: RB, Rhöndorf Bahnhof (rund 10 Minuten Fußweg)

Wasser speiende Bronzefigur

54 *Der Schängelbrunnen in Koblenz*

Brüssel hat sein Manneken Pis, Koblenz seinen Schängel. Beide sind städtische Ikonen und Hotspots des Tourismus. Zwei Brunnenfiguren, die Wasser spenden. Gewichtiger Unterschied ist freilich, dass der Belgier sein Wasser ein bisschen tiefer als der Rheinländer lässt und nicht wie sein Koblenzer Pendant eine Hose trägt.

Der Schängelbrunnen ist eines der Wahrzeichen der Stadt. Mitten im Zweiten Weltkrieg stellte man ihn zu Ehren eines Heimatdichters auf, der dem Schängel zum Karneval 1914 eine eigene Hymne gewidmet hatte:

„Et es bekannt doch iwweral / Et waiß och jedes Kend, / Dat närjens en der ganze Welt / Die Schängelcher mer fend, / Als hei bei ons am Deutsche Eck, / Wo seit uralter Zeit / Dat Kowelenzer Schängelche / Am allerbest' gedeiht ..."

Der Schängel ist heute Synonym für alle gebürtigen Koblenzer – längst aber auch Namensgeber verschiedenster Vereine und Gesellschaften. Selbst Rheinfähre, Einkaufszentrum und Mundarttheater sind nach ihm benannt. Der Markenbegriff, von manchem als Spitzname oder gar Schimpfwort empfunden, wurzelt in der französischen Besatzung der Stadt. Damals nannte man die in jenen Jahren geborenen deutsch-französischen Buben gern Jean, was dem deutschen Johann oder Hans entspricht. Im Dialekt wurde aus dem „Jean" dann der „Schang" und später etwas niedlicher der „Schängel".

Heute speit der Bronzeschängel in unregelmäßigen Abständen meterweit Wasser. Zur Freude der Kinder, die sich im Sommer nach der kurzen und kalten Dusche sehnen. An heißen Sommertagen kann der Schängelbrunnen so zum Glücksort werden!

Gleich um die Ecke liegt der Jesuitenplatz, einer der schönsten Freizeittreffs der Stadt. Vor allem im Sommer laden hier die Terrassenplätze der Gastronomie zum Verweilen. An ihn grenzt auch die Jesuitenkirche, in der die Einheimischen ein Gnadenbild verehren, dem heilende Kräfte gegen Kopfschmerzen nachgesagt werden.

Schängelbrunnen, Willi-Hörter-Platz im Rathaushof, 56068 Koblenz
ÖPNV: RB, Koblenz Hauptbahnhof

Abenteuerliche Schlucht

55 *Die Ruppertsklamm bei Lahnstein*

„Eingang zur wildromantischen Ruppertsklamm“ steht über dem hölzernen Portal am Eingang des vielleicht interessantesten Wanderwegs am Mittelrhein. Gleich zwei der beliebtesten Weitwanderstrecken der Region, Rheinsteig und Lahnwanderweg, führen durch die Felsenenge, die erst vor gut 100 Jahren größeres Interesse fand und 1936 wegen ihrer artenreichen Bewaldung als Naturschutzgebiet ausgewiesen wurde.
Anfangs sieht alles nach einem bequemen Marsch aus, führt ein breiter Weg in den Wald. Mit jedem Meter bergauf aber verengt er sich. Erste kleine Brücken lassen ahnen, welche Wucht der kleine Bach entfalten kann, dem man rechts oder links weiter folgt. Vorbei an Sandstein- und Schieferfels, der dem Wanderer mehr und mehr Aufmerksamkeit abringt. Jeder Schritt sollte jetzt eigentlich sitzen!
Längst ist das Geröll des Wildbachs zum Weg geworden, aus dem nach rund einer halben Stunde ein schwieriger Kletterabschnitt wird. Manchen hat der schon zur Umkehr gezwungen, auch wenn Drahtseile den Wanderern heute etwas Halt auf dem Weg geben. Schließlich aber ist die Engstelle geschafft, wird die Route wieder einfacher. Nach einer knappen Stunde ist man oben in der Schutzhütte, von wo es auf einem fast parallel verlaufenden Weg wieder nach unten geht. Jetzt auf trockenem Pfad, der die letzten Meter in Serpentinen steil bergab führt.
Natürlich kann man den Weg auch andersherum laufen, die Klamm sozusagen von oben nach unten queren, was aber meist schwieriger ist, wie erfahrene Bergwanderer wissen. Auch kommt es dadurch vor allem an Wochenenden und Feiertagen zu Gedränge, weshalb man den Schluchtenrundgang zu Coronazeiten als Einbahnstraße ausgewiesen hat.
Der Einstieg in die Klamm befindet sich von der B260 aus rund 2 Kilometer östlich von Lahnstein, wo es auch ein paar ausgewiesene Parkplätze gibt. Nach starken Regenfällen ist ihre Begehung gefährlich. Wasserfeste Schuhe mit Profilsohlen sind empfehlenswert. Für Kinder im Vorschulalter ist der Weg nur sehr bedingt geeignet!

Ruppertsklamm, 56122 Lahnstein (Zugang von der Bundesstraße 260)
ÖPNV: RB, Niederlahnstein Bahnhof (rund 1 Stunde Fußweg)

Ein Juwel des Rokokos

56 *Schloss Engers am Rhein*

Es war schon ein ausgesucht schönes Plätzchen, das sich Triers Erzbischof und Kurfürst Johann Philipp von Walderdorff als Sommersitz ausgesucht hatte: direkt am Rhein im heutigen Neuwieder Stadtteil Engers. Mitte des 18. Jahrhunderts hatte er sein Jagd- und Lustschloss dort bauen lassen. Eine spätbarocke Residenz, die er damals an die Stelle einer mittelalterlichen Zollburg setzte. Ein Schmuckstück, das es bis heute geblieben ist.

Zu seiner Gestaltung holte er allesamt Meister ihres Faches: Johannes Seiz, den Meisterschüler des Barockbaumeisters Balthasar Neumann, der ihm bei der Gestaltung der Würzburger Residenz half, und den Freskenmaler Januarius Zick, der im Spiegelsaal im ersten Stock ein herrliches Deckenfresko schuf. Es zeigt die Jagdgöttin Diana im Kreis ihrer Nymphen und Faunen. Es war der Prunksaal des Kurfürsten, der hier allerdings nur die Jagdsaison im September verbrachte. Den Rest des Jahres stand das Schloss leer, das nach der Säkularisation unter anderem als Kadettenakademie, Lazarett und Heim für Kranke und Behinderte diente. Heute ist die Villa Musica Schlossherr: eine Stiftung des Landes Rheinland-Pfalz, die in Engers eine Ausbildungsstätte für klassisch orientierte junge Musiker geschaffen hat. Kleine und große Konzerte runden deshalb fast das ganze Jahr über das Programmangebot im Schloss ab. Meist sind es Klassiker, die zu Gehör kommen.

TIPP Das Schlossmuseum mit dem Saal der Diana ist an Sonn- und Feiertagen zu besichtigen.

Schlosskeller heißt das Restaurant, das vormittags den Hotelgästen als Frühstücksraum dient. Die schönsten Plätze aber finden sich vor der Restauranttür: im Vorgarten des Schlosses mit einmaligem Rheinblick. Ein Rindercarpaccio lässt das Schloss zum Glücksort werden, dazu ein Wein vom Mittelrhein. Den Erzbischof jedenfalls kann ich jetzt noch besser verstehen, warum er sich ausgerechnet diesen Platz für den Spätsommer ausgesucht hat.

Schloss Engers Betriebs-GmbH, Alte Schlossstraße 2, 56566 Neuwied, Tel. (0 26 22) 90 26 60
www.schloss-engers.de
ÖPNV: RB, Engers Bahnhof

Schweben auf die Festung

57 *Die Koblenzer Seilbahn*

Aus den gläsernen Kuppeln der Gondeln schrumpft Koblenz zur Miniaturkulisse, wird die Stadt zum Häusermeer zwischen Rhein und Mosel. Großes wird klein, Kleines wie die Mitfahrer in der Seilbahnkabine hoch über dem Rhein plötzlich ganz groß. Alles ist eben eine Frage der Perspektive!

Streng genommen dürfte die Seilbahn eigentlich gar nicht mehr fahren. Ursprünglich nämlich war sie als Attraktion für die Bundesgartenschau 2011 gedacht. Anschließend sollte sie wieder verschwinden, um den Status der Region als UNESCO-Weltkulturerbe nicht zu gefährden. Doch weil die Koblenzer an ihr Gefallen fanden, ist die Seilbahn noch heute in Betrieb. Jeweils 35 Personen kann jede der Kabinen von einer Seite des Rheins auf die andere transportieren: 7600 Personen pro Stunde. Es ist die Luftseilbahn mit der angeblich größten Förderkapazität Deutschlands.

Beeindruckend sind die Panoramaaussichten aus den Gondeln. Direkt im Blickfeld liegt das Deutsche Eck, über dem Kaiser Wilhelm I. in Generaluniform mit Hermelinmantel auf einem Sockel thront. Genau genommen seine Kopie, denn das Original zerschossen im März 1945 amerikanische Soldaten. „Das Ding“, schrieb Kurt Tucholsky in einer Reportage über das Kaiserdenkmal, „sah aus wie ein gigantischer Tortenaufsatz.“

TIPP

Mit der Webcam auf der Webseite www.seilbahn-koblenz.de kann man die Gondelfahrten täglich verfolgen.

Kabine 17 übrigens hat einen Glasboden, durch den man auf den Rhein blickt. Fast 300 Meter ist er hier breit. 112 Höhenmeter überwindet die Bahn, von der mittelalterlichen Kastorkirche, einem romanischen Prachtstück, bis zur Festung Ehrenbreitstein, einem Bollwerk der Militärs. Bis 2026 ist der Betrieb der Bahn vertraglich gesichert. Dann läuft allerdings ihre Betriebsgenehmigung aus. Spätestens dann wird auch die UNESCO sich wieder melden und die alte Frage neu stellen: Passt eine Seilbahn zum Weltkulturerbe Mittelrheintal?

Seilbahn Koblenz, Talstation Konrad-Adenauer-Ufer, 56068 Koblenz
www.seilbahn-koblenz.de

ÖPNV: Bus 1 ab Koblenz Hauptbahnhof, Haltestelle Deutsches Eck

www.seilbahn-koblenz.de
2

Grab des Teufeltreters

58 *Katholische Pfarrkirche St. Goar*

Die größte Kirche in St. Goar ist die katholische Pfarrkirche nicht. Dafür aber birgt sie die Grabplatte des Heiligen, der dem Städtchen seinen Namen gab. Mit einem Lockenkopf zeigt sie den Volksheiligen, der mit seinen Füßen auf einem schwarzen Teufel steht. Auf dem Kopf trägt er den Heiligenschein, dazu ein Priestergewand. In der Linken hält er einen Kelch, in der Rechten ein Modell der heute evangelischen Stiftskirche, in der er einst begraben lag.

Goar ist neben Martin der populärste Heilige am Mittelrhein: ein frommer Mann aus dem Süden Europas, dessen erste Lebensbeschreibungen aus dem 8. Jahrhundert stammen. Zwei Jahrhunderte vorher hatte er sich in einer Einsiedelei unweit des Rheines niedergelassen. An der Ostflanke des gerade christianisierten Frankenreiches, wo die Mission erst am Anfang stand und er vom Boot aus zu den Fischern predigte. Seine wichtigste Zielgruppe aber waren Menschen in Not oder auf der Suche nach Essen und einem Platz zum Schlafen.

Um sein Leben ranken sich viele Geschichten, die meisten waren sicher erfunden. So wurde ihm nachgesagt, angesichts eines griesgrämigen Trierer Bischofs Hut und Mantel an einem Sonnenstrahl aufgehängt oder den Teufel, der ihn verleumdete, getreten zu haben. Andere erzählten, wie er ohne ein Ruder einzusetzen, den Rhein stromaufwärts gefahren sei – oder dass er Schiffer vor dem Untergang rettete. Es waren Mythen, die ein Jahrtausend später so ähnlich im romantischen Kult um den Loreleyfelsen aufgehen sollten.

Die eine oder andere dieser Geschichten resultierte aus Besuchen an seinem Grab. Karl und Pippin, die verfeindeten Söhne Karls des Großen, sollen sich dort versöhnt haben. Für den Vater Anlass, bei seinen Reisen immer wieder in St. Goar haltzumachen. Gebete am Grab des Heiligen hätten zudem Karls Frau Fastrada von Zahnschmerzen befreit. Gefühlte Wahrheiten waren das wahrscheinlich, Fake News wie man sie heute nennt!

Pfarrkirche St. Goar, Heerstraße 131, 56329 St. Goar
ÖPNV: RB, St. Goar Bahnhof

Bunte Farbtupfer

59 *Der Garten der Schmetterlinge in Sayn*

Sie lieben Schmetterlinge, haben etwas für tropische Pflanzen übrig und Lust am Entdecken? Dann ab in den Garten der Schmetterlinge! Er liegt im Schlosspark von Sayn, einem Stadtteil von Bendorf (Kreis Mayen-Koblenz). Sommerlich warm ist es in den Glashäusern, in denen bei 60 Grad Luftfeuchtigkeit Flattermänner in allen Farben und Formen zu Hause sind. Bunte Exoten aus Südamerika, Afrika und Asien. Bis zu 25 Zentimeter messen die größten, die kleinsten sind oft nur schwer zu entdecken.

„Wir Schmetterlinge weinen nicht, sind dennoch sehr empfindlich", mahnt ein Schild. „Bitte berühren Sie uns nicht." In Massen tanzen sie den Besuchern um die Nasen. Vor allem denen, die sie auf Blüten und Blättern zu fotografieren suchen. Schließlich ist das Licht hier gut, stört kein Wind bei den Aufnahmen.

Ein Glücksort ist der Schmetterlingsgarten aber nicht nur für Hobbyfotografen. Kinder können mit ihren Eltern in der sogenannten Puppenstube entdecken, wie sich die Falter mühsam aus ihrem Kokon quälen, wie aus Raupen Schmetterlinge werden. Wie neues Leben erwacht! Und wer Geduld mitbringt, sieht schließlich, wie die quasi Neugeborenen langsam ihre Flügel ausbreiten und zwischen Bananenstauden, Hibiskus und anderen Pflanzen in ihre Zukunft starten.

Schmetterlinge sehen schlechter als Menschen. Mit ihren Facettenaugen aber erkennen sie mehr Farben als wir, was die prächtigen Flügel der Männchen bei der Suche nach passenden Weibchen erklärt. Wundern Sie sich also nicht, wenn einer auf ihre bunte Bluse flattert oder ein anderer auf ihrem farbigen Hemd landet.

Die Schmetterlinge in Sayn, vom kleinsten Falter bis zum größten Brummer, mahnen den Besucher jedenfalls, die Schöpfung zu achten. Gerade Eltern können hier ihren Kindern vor Augen führen, wie wichtig es ist, das Insektensterben vor unseren Haustüren zu stoppen.

Garten der Schmetterlinge, Schlosspark Sayn, 56170 Bendorf-Sayn
www.sayn.de/garten-der-schmetterlinge
ÖPNV: Bus 8 ab Koblenz Hauptbahnhof, Haltestelle Schloss Sayn

Gedenken an den Salmfang

60 *Denkmal in St. Goarshausen*

Zwischen Koblenz und Bingen gehörte der Rheinsalm einmal zu den Delikatessen. Unter diesem Namen firmierte er traditionell freilich nur von Neujahr bis Jakobi, dem Namenstag des heiligen Jakobus am 25. Juli. Von da an mundete der frische Fisch angeblich weniger, weshalb man ihn den Rest des Jahres nur noch Lachs nennt. „Der Salm des Rheins", notierte 1864 „Die Gartenlaube", eine damals viel gelesene Zeitschrift, „hat in Ansehung seines Geschmacks den Vorzug vor allen übrigen Seinesgleichen in Deutschland … Er gehört zu den Zugfischen. Anfang April zieht er haufenweis aus dem Meere in die Ströme, um dort zu laichen. Gewöhnlich ziehen 30 bis 40 Stück in einem Haufen, in zwei Reihen, welche vorn zusammenstoßen und so die Seiten eines Dreiecks bilden, wahrscheinlich um durch diese Stellung die starke Strömung in den Flüssen besser zu überwinden. An der Spitze befindet sich der stärkste Fisch, dem in Entfernung von je zwei Fuß zwei andere folgen; die jüngsten machen den Schluß. Sie wissen, wie die Schwalben, die alten Laichplätze jährlich wiederzufinden. In der Hälfte des Aprils ist der Salm bereits bis Coblenz und Anfangs Mai selbst bis Basel gestiegen …"

Bis ins frühe 19. Jahrhundert war der Rhein so Europas Lachsparadies, vor allem der Abschnitt zwischen Oberwesel und St. Goar. Viele Tausend Lachse gingen den Fischern dort Jahr für Jahr ins Netz: Prachtstücke, zum Teil mehr als 20 Pfund schwer. Fänge, die gutes Geld einbrachten und in Kurorten wie Wiesbaden, Bad Ems oder Kreuznach begehrte Delikatessen waren. 1939 aber wurde der professionelle Salmfang eingestellt. In Erinnerung an diese Zeiten hat eine Bürgerinitiave den Fischern in Sankt Goarshausens Burgstraße ein Bronzedenkmal gesetzt. Ein Glückszeichen, ist der Salm, der wegen der schlechten Qualität des Rheinwassers schon als ausgestorben galt, doch wieder am Mittelrhein zurück.

Bronzedenkmal für den Salmfang, Burgstraße, 56346 St. Goarshausen
ÖPNV: RB, St. Goarshausen Bahnhof

Die Feindlichen Brüder

61 *Burg Sterrenberg und Burg Liebenstein*

Zwei Festungen am Mittelrhein haben mich schon immer interessiert. Sie haben zwar wie alle anderen Rheinburgen auch einen Namen, Sterrenberg und Liebenstein, bekannt aber sind sie als die Feindlichen Brüder. Und weil man dort wohnen, essen und trinken kann, gehören sie zu meinen Glücksorten. Vor allem auch, weil sie touristisch weniger überlaufen sind.

Sterrenberg, umgeben von einer Ringmauer, ist eine der ältesten noch erhaltenen Burgen über dem Rhein. Als Vorburg wurde Liebenstein rund zwei Jahrhunderte später in nächster Nachbarschaft errichtet. In den Blickpunkt aber rückten die Paläste eine spätmittelalterliche Sage. Eine Lovestory wie sie die Yellow Press heute nicht besser bieten könnte. Sie erzählt von Heinrich und Konrad: zwei Brüdern aus Boppard, die zusammen mit Hildegard, einem Waisenkind, aufwuchsen. Für das Trio baute ihr Vater auf der anderen Rheinseite schließlich zwei Burgen: eine für Heinrich – und eine für Konrad, der mittlerweile Hildegard zur Frau genommen hatte. Die aber liebte eigentlich Heinrich, der aus Liebeskummer deshalb fortgezogen war.

Bald darauf ging auch Konrad auf Reisen, wo er sich eine feurige Griechin anlachte. Mit der kehrte er schließlich an den Rhein zurück, wo mittlerweile auch sein Bruder wieder lebte. Den aber erboste Konrads Ehebruch so sehr, dass er seinen Bruder zum Duell aufforderte. Hildegard freilich wusste dies in letzter Minute zu verhindern, indem sie ins Kloster ging und sich die beiden feindlichen Brüder wieder versöhnten.

Heute sind ihre Burgen gastliche Stätten mit Rheinblick, Toplocations vor allem bei Brautpaaren. Mittelalterliches Ambiente findet sich auf Liebenstein, wo nachts auch mal ein leibhaftiges Gespenst durchs Treppenhaus wandeln kann. Sterrenberg lockt mit selbst gemachten Kuchen, die frisch serviert werden.

TIPP

Die Zufahrt zu den am Rheinsteig liegenden Burgen führt über Kamp-Bornhofen.

Burg Sterrenberg, Zu den Burgen 2, 56341 Kamp-Bornhofen, www.burg-sterrenberg.com
Hotel Burg Liebenstein, Zu den Burgen 1, 56341 Kamp-Bornhofen, www.castle-liebenstein.com
ÖPNV: RB, Kamp-Bornhofen Bahnhof (rund 30 Minuten Fußweg)

Praktischer Designerstuhl

62 *Thonet-Möbel im Museum Boppard*

Zugegeben, reine Ästheten müssen die ganz großen Glücksorte am Mittelrhein schon suchen – anders als in den kulturellen Metropolen mit ihren weltbekannten Musentempeln. Im Museum Boppard aber kommen sie auf ihre Kosten – dort nämlich stehen Möbel, die Designern auch heute noch Bewunderung abringen. Geschaffen hat sie ein in Boppard geborener Tischlermeister, aus dem schließlich einer der berühmtesten Möbeldesigner der Welt wurde: Michael Thonet (1796–1871).
1819 hatte er sich als Bau- und Möbeltischler selbstständig gemacht. Einer seiner Bestseller war der im Museum ausgestellte sogenannte Bopparder Stuhl. Zwischen 1836 und 1840 fertigte ihn Thonet in seiner Werkstatt: ein Biedermeiersitz aus schichtverleimtem Holz und Nussbaumfurnier mit gepolsterter Sitzfläche und das erste Beispiel für Thonets ruhmreiche Technik, das Holz zu biegen.
Doch weil es am Mittelrhein an finanzkräftigen Kunden mangelte, wanderte Thonet nach Wien aus, wo er ein Patent erlangte, Holz auf chemisch-mechanischem Wege in beliebige Formen zu bringen. Diese Technik, die exakte Biegung massiver Holzstäbe, war schließlich Voraussetzung für die industrielle Möbelfertigung, die er schließlich mit seinen Söhnen perfektionierte. Thonets Einrichtungshaus mit vielen Filialen wurde so zum Ikea der Biedermeierzeit!
Fotos und Konstruktionszeichnungen zeugen in Boppards Museum von der Kunstfertigkeit des größten Sohnes der Stadt. Viele seiner Stühle wurden echte Hingucker! Bestseller, die in ihre Einzelteile zu zerlegen waren und so in alle Welt verschickt werden konnten. Es war Thonets wichtigstes Geschäftsmodell, das zum Verkaufsschlager werden sollte. Allein von einem einzigen Modell wurden bis heute mehr als 50 Millionen Exemplare verkauft. Kein Wunder, dass vor dem Kaffeeautomaten am Empfang auch kleine Tische mit originalen Thonet-Stühlen stehen!

Museum Boppard, Kurfürstliche Burg, Burgplatz 2, 56154 Boppard am Rhein, Tel. (0 67 42) 8 01 59 84, www.museum-boppard.de

ÖPNV: RB, Boppard Bahnhof

63 *Der Pergolagarten auf Schloss Stolzenfels*

Die meiste Zeit des Lebens verbringen wir im Schlafzimmer. Gut ein Drittel wollen Wissenschaftler ausgerechnet haben. Wer es sich leisten kann, richtet es sich deshalb besonders ein. So wie Preußens König Friedrich Wilhelm IV. Bereits als Kronprinz machte er sich Gedanken um sein Schlafgemach, vor allem um den Blick nach draußen. So ließ sich der Prinz vor dem Schlafzimmer einen Pergolagarten anlegen, der heute zu den schönsten Europas zählt.

Schon als Twen hatte Friedrich für Kunst und Architektur viel übrig. Er war fasziniert vom Mittelrhein mit seinen Burgen und Schlössern. Gekrönt wurde diese Sehnsucht, als ihm die Stadt Koblenz 1823 die zerfallene Burgruine Stolzenfels schenkte. Zusammen mit preußischen Stararchitekten wie Karl Friedrich Schinkel und dem Gartendirektor Peter Joseph Lenné schuf er schließlich seine neue Sommerresidenz, das Schloss Stolzenfels. Ein neogotisches Prachtstück, in das der 1840 zum König ernannte Friedrich Wilhelm IV. 2 Jahre später einzog.

In mittelalterlichen Kostümen nahm er es mit großer Gesellschaft in Beschlag. Gesprächsstoff damals lieferte aber weniger das Schloss als die Gestaltung seiner Gärten. Schon auf dem Weg vom Rhein zum Schloss hatten seine Gartenbaumeister eine Traumlandschaft geschaffen: mit künstlichen Brunnen, Grotten, Teichen und vielen seltenen Pflanzen. Ein Bergpark, der im Lauf der Zeit allerdings verwilderte und erst im neuen Jahrtausend rekonstruiert wurde.

Auch die fünf Gärten innerhalb der Schlossmauern wurden nach originalem Vorbild wieder hergerichtet. So wie das Herzstück aller Grünanlagen, der 500 Quadratmeter große Pergolagarten. Mit seiner dreischiffigen Arkadenhalle und seinem achteckigen Brunnen ist er ein Gesamtkunstwerk. Vor dem Schlafzimmer des Königspaares besonders ins Auge fielen die streng geometrisch gestalteten Blumenbeete, die an gotische Kirchenfenster erinnern sollten.

Pergolagarten auf Schloss Stolzenfels, Schlossweg 11, 56075 Koblenz
www.tor-zum-welterbe.de

ÖPNV: Bus 650 ab Koblenz Hauptbahnhof, Haltestelle Stolzenfels-Schlossweg

Zur Gottesmutter

64 *Urheiligtum Schönstatt*

Es ist ein unscheinbares Häuschen am Rand eines Pilgertreffs. Eine alte Friedhofskapelle, die als Urheiligtum und Gründungsort der sogenannten Schönstattbewegung gilt – einer religiösen Gemeinschaft, die der Pallottinerpater Josef Kentenich im Ersten Weltkrieg ins Leben rief. Heute ist Schönstatt der wichtigste Wallfahrtsort am Mittelrhein, die philosophisch-theologische Hochschule Vallendar sein geistiges Zentrum.
Für viele Menschen ist das Urheiligtum längst zum Glücksort geworden. Vor allem für die Ordensgemeinschaften der Marienbrüder und Marienschwestern, die man hier täglich im Gebet versunken sieht. In stiller Zwiesprache mit der Gottesmutter, die wegen ihrer Liebe zu den Menschen in den Schönstattgemeinschaften besondere Achtung genießt.
Schon im frühen 14. Jahrhundert fand die Kapelle – sie gehörte zu einem Augustinerinnenkloster, von dem heute nur ein Kirchturm erhalten ist – erstmals Erwähnung. In ihr trafen sich schließlich die ersten Schönstätter, von denen die meisten zu erklärten Gegnern des Hitlerregimes wurden. Viele landeten deshalb in Konzentrationslagern oder wurden ermordet.
Mehr als 200 Schönstattkapellen, gewöhnlich Nachbauten des Originals, haben die Ideen der Bewegung inzwischen in alle Welt getragen. In den meisten findet sich wie in Vallendar vor dem Altar ein großer Krug, in den man eigene Notizen einwerfen kann. Zettel mit Absichten, wie das Rauchen aufzugeben oder sich mehr um die alt gewordenen Eltern zu kümmern.
„Gnadenkapital“ hat Schönstattgründer Kentenich diese Willensbekundungen genannt. Es seien Geschenke an Gott oder die Gottesmutter Maria. Mit dem Jesuskind in der Hand ist sie zum Markenzeichen der Bewegung geworden. Zur „Zuflucht der Sünder“, wie der Schöpfer sein Gemälde nannte, das heute in allen Schönstattkapellen hängt.

Urheiligtum Schönstatt, Pallottistraße, 56179 Vallendar
www.schoenstatt.de
ÖPNV: Bus 7 ab Vallendar Bahnhof, Haltestelle Schönstatt (rund 5 Minuten Fußweg)

Wo die Nilgans wohnt

65 *An der Ahrmündung zwischen Sinzig und Remagen*

Es sind nur ein paar Schritte, die das geschäftige Ufer von Kripp, einem Stadtteil Remagens, vom Naturschutzgebiet im Nordosten von Sinzig trennen. Hier bahnt sich die Ahr ihren letzten Weg. Des Rheines wilde Tochter, wie sie das 90 Kilometer lange Nebenflüsschen hier gern nennen. Hoch oben in der Eifel entspringt sie, um sich in vielen Schleifen talwärts zu winden, durch felsige Täler, Wiesen und Wälder.

Haushohe Bäume säumen die Uferlandschaft. Stattliche Pappeln und Weiden: Letzte Zeugen eines Auenwaldes, wie er am Rhein früher häufig zu finden war. Dazwischen ducken sich seltene Pflanzen wie die Kratzbeere, die nichts dagegen hat, auch hin und wieder überschwemmt zu werden.

Die Ahrmündung nämlich ist heute das einzig noch existierende naturnahe Mündungsareal am Mittelrhein. Über Jahrhunderte hat sich der Fluss hier seinen eigenen Weg zum Rhein gesucht, ehe man ihn zähmte. Mit immer neuen baulichen Fesseln versuchte man, die Ahr vor ihrem Eintritt in den Rhein in ihrem Bett zu halten. Es war ein teurer Kampf, den man längst aufgegeben hat. Soll sich der Fluss doch selbst seinen Weg suchen!

Radfahrer und Fußgänger führt heute eine Tropenholzbrücke über die letzten Flussmeter, ein überdachter Übergang mit Blick auf das gegenüberliegende Rheinstädtchen Linz. Es ist eine Brücke in die Stille. In ein Vogelparadies, dessen vielstimmiges Konzert die Ohren fordert. Sumpfrohrsänger, Rohrammer, Buchfink, Flussregenpfeifer, Rotkehlchen, Zaunkönig und viele andere gefiederte Sänger sind hier zu Hause. Und mit etwas Glück hört man auch Nachtigall oder Pirol – und den Steinkauz, der sich in den Obstwiesen südlich der Ahr besonders wohlfühlt. In ausgedienten Kaninchenbauten haben sich inzwischen auch Gäste aus Afrika eingenistet: Nilgänse, die wissen, wo die Glücksorte am Mittelrhein liegen.

TIPP Durch das Naturschutzgebiet führt ein bequemer Fußmarsch vom Bahnhof in Remagen zum Bahnhof in Sinzig.

Mündungsgebiet der Ahr, 53474 Bad Neuenahr-Ahrweiler
ÖPNV: Bus 852 ab Sinzig oder Remagen Bahnhof, Haltestelle Kripp Fähre

Nackte Liebe

66 *Vater Rhein und Mutter Mosel in Koblenz*

Es ist ein nacktes Paar, das jahrein und jahraus hinter dem Koblenzer Schloss am Rheinufer sitzt: ein bärtiger Alter und eine Dame, die seine Tochter sein könnte. Elegant hat er seine Linke um sie gelegt. Sie wiederum stützt sich mit ihrem rechten Ellenbogen auf seinen Oberschenkel. Es ist eine scheinbar vertraute Zweisamkeit in weißem Marmor, ein Wunschbild aber auch!

Vater Rhein und Mutter Mosel sollen die beiden in der Parkanlage am Schloss verkörpern. Jene beiden Flüsse, die in Koblenz zusammengefunden haben. Augusta, die spätere Kaiserin und damalige Gattin des Prinzen Wilhelm von Preußen, hatte das Denkmal in Auftrag gegeben. Mitte des 19. Jahrhunderts, als sie mit ihrem Gatten das Kurfürstliche Schloss am Rheinufer als neue Residenz bezog.

Inspiriert wurde Augusta bei ihren Plänen wahrscheinlich von einer Zeitungsillustration. Sie zeigte Zeus, den Göttervater, mit Frau und Schwester Hera. Aus dem nackten antiken Trio wurden so Vater Rhein und Mutter Mosel. Ein trautes Paar, das jene Liebe verkörperte, die sie in ihrer Ehe mit Wilhelm nicht gefunden haben soll. So suchte ihr Kaisergatte schon bald nach der Geburt eines Thronfolgers neue Bekanntschaften, die – wie er es formulierte – weiblicher waren. Tief auch traf es Augusta, als Bismarck, für dessen Kriegspolitik sie kein Verständnis hatte, sie eine „alte Fregatte“ nannte.

Seit 1854 jedenfalls trösteten Vater Rhein und Mutter Mosel Augusta bei ihrem Blick aus dem Schloss zum Rhein, mehr noch aber bei ihren Rundgängen im Schlosspark. Nur wenige Jahre später wurden die beiden Marmorgestalten schließlich zum Symbol deutschen Nationalstolzes. Immer wieder traten sie auf Denkmälern in Erscheinung – etwa auf einer Bronzegruppe am Niederwalddenkmal über Rüdesheim, das an den gewonnenen deutsch-französischen Krieg und die Gründung des Deutschen Reiches 1871 erinnern sollte.

Skulpturengruppe Vater Rhein und Mutter Mosel im Garten des Schlosses, Neustadt 24, 56068 Koblenz

ÖPNV: Bus 1, 8, 9, 10 ab Koblenz Hauptbahnhof, Haltestelle Stadttheater

Im Forellenparadies

67 *Wispertal bei Lorch mit Forellenhöfen Seitz*

Es ist eines der schönsten Nebentäler am Mittelrhein, das Wispertal. Knapp 30 Kilometer schlängelt sich der Fluss von den Höhen des Taunus durch Wälder und Wiesen bergab. Streckenweise begleitet die Wisper eine sehr kurvenreiche Straße, die zu den Lieblingsstrecken deutscher Motorradfahrer gehört.

Ein Glücksort ist das Wispertal aber vor allem für die Freunde der Natur. Auf ausgewiesenen Wanderstrecken wie dem Wispertalsteig – Markenname WispertalSteig – gibt es zum Teil seltene Tiere und Pflanzen zu entdecken. Das größte Kapital des Tales aber ist seine Wasserqualität. Inzwischen fühlen sich dort auch wieder Wanderfische wie der Lachs wohl, der seit einigen Jahren im Unterlauf der Wisper laicht.

Direkt am Fluss liegen die Forellenhöfe Seitz, die ebenfalls das Wisperwasser zur Fischzucht nutzen. Zu Hause sind die Forellen in Naturteichen, wo sie artgerecht aufwachsen. 20 bis 30 Fische teilen sich 1 Kubikmeter Wasser. Das heißt: Im Wispertal haben die Tiere gewöhnlich zehnmal mehr Platz als bei industrieller Zucht, wo die Fische kaum Muskeln bilden können. Drei Tage vor ihrer Schlachtung kommen sie außerdem noch einmal in ganz frisches Wasser.

TIPP Die Laukenmühle gegenüber dem Forellenhof ist u. a. bekannt für ihre leckeren Forellengerichte.

Mehr als 100.000 Forellen züchtet der Familienbetrieb jährlich, von denen ein großer Teil in der hofeigenen Räucherei verarbeitet wird. Auf Wunsch aber wird auf dem Forellenhof auch ganz frisch geschlachtet. Kein Wunder, dass die Wisperforelle als ausgesprochene Spezialität gilt. Angeblich schmeckt sie der Bundeskanzlerin genauso gut wie der englischen Königin.

Fangfrische Forellen servieren übrigens viele Gaststätten in der Region – so wie die Laukenmühle, die von Mittwoch bis Sonntag geöffnet hat. Für manchen Wanderer ist die Laukenmühle nach einer Tour im Wispertal deshalb schon zum Glücksort geworden!

Wispertal mit Forellenhöfen Seitz, Im Wispertal 2 und Schwalbacher Straße 74, 65391 Lorch, www.wisperforelle.de, www.wisper-trails.de

ÖPNV: Bus 173 ab Eltville Bahnhof, Haltestelle Laukenmühle

WISPER
FORELLE
FORELLENHOF

Ein Ort zum Innehalten

68 *Die Pfarrer-Kraus-Anlage in Arenberg*

Rund 20 Minuten braucht der Stadtbus vom Koblenzer Hauptbahnhof ins rechtsrheinische Arenberg. Dort liegt die Wallfahrtskirche Sankt Nikolaus, neben der ein halbes Hundert Kapellen, Grotten, Bildstöcke, Marien- und Heiligenfiguren vom Glaubenseifer eines Pfarrers zeugen, der Gottes Botschaft jedem Interessierten buchstäblich vor Augen führen wollte. Es sind meist nur ein paar Einzelgänger, die man werktags hier trifft. Menschen, die ein bisschen Stille suchen. In letzter Zeit aber auch Wanderer, führt doch der Rheinsteig durch den Ort der Besinnung.

An vielen der Statuen und Denkmäler hat die Zeit ihre Spuren hinterlassen. Die Zeichen der Vergänglichkeit sind nicht zu übersehen. Von Zeiten, als hier manchmal bis zu 100.000 Besucher jährlich Station machten, kann der Förderverein, der die Anlage heute unterhält, nur träumen. Auch von den Tagen, als die Gattin Kaiser Wilhelms I., eine der größten Förderinnen des Projekts, Europas Hochadel nach Arenberg schleppte – so wie den russischen Zaren Alexander II. oder Österreichs Kaiser Franz-Josef.

Kapellen erzählen von der Passion, dem Leiden und Sterben Jesu. Von menschlichen Grausamkeiten und seelischen Dramen, die bis heute christlichen Glauben speisen. Vom Leben der Gottesmutter kündet der Mariengarten. Ein Hort des Friedens und der Hoffnung. Und im Antoniusgarten hält der heilige Antonius mit Fischen Zwiesprache, predigt Franziskus zu Hühnern, Hunden und Hasen. Krönung des Rundgangs aber ist die Herz-Jesu-Grotte, in deren Inneren sich das Blau eines Außenfensters mit dem Tiefrot des Chorraumes mischt – bei sonnigem Wetter ein Ort zum Träumen!

Vieles in Arenberg ist zugegeben mehr Kitsch als Kunst. „Wer Kunst sehen will", soll der Schöpfer des Bibelparks den Kritikern seiner Projekte deshalb immer wieder gesagt haben, „muss ins Museum. Hier sollen die Leute beten!"

TIPP Die Pfarrer-Kraus-Anlage ist Karfreitag bis Allerheiligen geöffnet. Der Förderverein bietet Führungen.

Pfarrer-Kraus-Anlagen, Stadtteil Arenberg, 56077 Koblenz
ÖPNV: Stadtbus 9 ab Koblenz Bahnhof, Haltestelle Arenberg Kirche

Artenreichtum

69 *Zoo von Neuwied*

Schon mal Löwen oder Krokodilen ins Auge gesehen, einer Riesenschlange beim Verdauungsschlaf zugeschaut, einen Geparden bei der Jagd beobachtet oder ein Känguru bei der Partnersuche? All das ist im größten rheinland-pfälzischen Zoo möglich! Vögel, Amphibien, Insekten, Reptilien und Säugetiere sind hier zu Hause. Fast 200 Arten, die im größten Zoo von Rheinland-Pfalz Tag für Tag vor Augen führen, wie wichtig biologische Vielfalt ist. Sie nämlich ist die existenzielle Grundlage unseres Lebens.

Neuwieds Zoo ist ein Glücksort für Groß und Klein. Immer wieder Neues gibt es zu entdecken! Dafür sorgen nicht nur die Großkatzen, sondern auch Seehunde und Pinguine, Affen, Erdmännchen, Kamele, Kängurus, Nasenbären, Gänsegeier, Straußenvögel und andere Bewohner – rund 1800 Tiere gibt es hier, von der Achatschnecke bis zur Zwergziege. Viele fühlen sich pudelwohl. So wie die Großkatzen, die mehr als 1000 Quadratmeter Gehege ihr Eigen nennen – samt zwei großer Badebecken. Riesenschlangen, Echsen, Warane und andere Reptilien leben im Exotarium. Spannende Erlebnisse kann außerdem das Reich der Insekten und Spinnen bieten. Denn auch die Kleinsten unter den Kleinen tragen zur Vielfalt der Natur bei, ohne die unser Leben um vieles ärmer wäre. In Neuwied aber hat man sich nicht nur der Präsentation von Tieren verschrieben, sondern vor allem der naturkundlichen Aufklärung. Dazu dienen neben einem kleinen Streichelzoo ein Baum- und Naturlehrpfad sowie eine vorbildliche Internetseite des Museums. Auf dieser werden alle Tierarten ausführlich vorgestellt.

Der Zoo kann jeden Tag besucht werden. Von April bis Oktober findet an jedem ersten Freitag im Monat eine Abendführung statt. Attraktion ist die tägliche Fütterung der Pinguine und Seehunde. Sonntagnachmittag kann man den Geparden bei der Jagd zusehen.

Zoo Neuwied, Waldstraße 160, 56566 Neuwied
www.zooneuwied.de
ÖPNV: Bus 52, 54, 67, 70, 71 ab Neuwied Bahnhof, Haltestelle Heimbach-Weis oder Haltestelle Am Königsgericht (von dort rund 30 Minuten Fußweg)

Kaffee und Kuchen

70 *Im Kaufmannsladen zu Königswinter*

Einkaufen und genießen: Im Kaufmannsladen zu Königswinter ist das jeden Mittag möglich! Ladencafé und Buchhandlung finden sich hier unter einem Dach. Dazu ein motiviertes Team, das Service großschreibt. Ein bisschen darf man sich hier deshalb noch als König fühlen – ja, ja natürlich auch als Königin. Denn im Kaufmannsladen ist nicht die große weite Warenwelt mit ihren austauschbaren Produkten zu Hause, sondern vor allem die Region um den Drachenfels.
Kaffee und Kuchen gehören zu den Spezialitäten im Kaufmannsladen. Die passenden Bohnen stammen aus einer Bonner Privatrösterei. Die Backwaren sind gewöhnlich hausgemacht, vom Käsekuchen bis zur Erdbeertorte. Es sind alte Familienrezepte, die in Königswinter so neu zum Tragen kommen. Selbst gefertigt sind auch die Quiches und Paninis mit Salatbeilagen für alle, die mit Süßem weniger anfangen können – oder aus Schlankheitsgründen wollen. Sogar bei den Getränken setzt man auf Regionalität: auf Weine und Gin aus der Umgebung, hausgebraute Biere und sortenreine Fruchtsäfte.

TIPP **Kaufmannsladen und Buchhandlung sind jeden Tag geöffnet.**

Vor den Türen lockt eine rustikale Terrasse zu Mittagstisch und Kaffeepause. Drinnen stehen einfache Tische und Stühle zwischen den Ladenregalen, in denen sich die Mitbringsel türmen. Die kleinen Geschenke, denen man nachsagt, dass sie Freundschaften erhalten. Auch der eine oder andere regionale Künstler hat im Kaufmannsladen den passenden Ort für seine Kreationen gefunden.
Im Keller gibt es einen Wickeltisch für die Kunden von übermorgen. Gleich daneben hängen T-Shirts zum Kauf, bedruckt mit Sinnsprüchen oder Eseln, dem Logo des Ladens. Bestseller, Krimis und viel Regionalliteratur finden sich in der angeschlossenen Buchhandlung, wo man die Bücher bei einem Gin Tonic oder Cappuccino auch gleich lesen kann. Wer gleich drei auf einmal kauft, erhält seinen Kaffee umsonst …

Kaufmannsladen, Drachenfelsstraße 14, 53639 Königswinter, Tel. (0 22 23) 7 00 98 28
www.kaufmannsladen-koenigswinter.de
ÖPNV: RB, Königswinter Bahnhof

DU BOIS - MERTENS
OUDEGEM
EXPORT
Westhoff
Kaffee
LUGANO
HOTEL

Ausflug zur Zauberhöhle

71 *Landschaftspark Niederwald*

Durch einen dunklen Mauergang kriechen und dann in einem Rundbau stehen – mit lichtem Blick Richtung Rhein. Wie ein Blinder, der plötzlich wieder sehen kann. Das sind Glücksmomente, die vor fast zweieinhalb Jahrhunderten sicher viel größer waren als in unserer heutigen, von optischen Feuerwerken geprägten Zeit!

Wer der Seele der Rheinromantik näherkommen und verstehen will, was die Menschen einst bewegte, ist im Ostein'schen Park über Rüdesheim richtig. Denn der Landschaftsgarten unweit des weltberühmten Niederwalddenkmals wurde erst in den letzten Jahren, befördert von der Sehnsucht nach naturnahem Erleben, wieder entdeckt. Friedrich Karl Maximilian von Ostein – ein reicher Graf, der dort ein Jagdschloss hatte, das heute als Hotel und Restaurant dient – hatte das Waldgebiet Ende des 18. Jahrhunderts erschlossen, wo er zur Unterhaltung seiner Gäste damals mehrere spektakuläre Aussichtspunkte und eine Zauberhöhle anlegen ließ: einen kleinen, dunklen Tunnel.

Einen Kriechgang durch die Finsternis zum Licht, den er seinen zumeist gebildeten Verwandten und Bekannten als Metapher des Lebens erklärte, als symbolischen Weg zur Selbsterkenntnis. Dazu führte sie der Graf von seinem Jagdschloss zu dem von Pflanzen überwucherten Höhleneingang, in dem er vor ihnen verschwand und sie bat, ihm zu folgen. Am Ende des Tunnels, in einem kleinen Rundbau, öffnete er dann nach und nach die Fensterläden, die schöne Blicke ins Rheintal erlaubten – mehr als heute jedenfalls, wo viel Grün die Weitsicht leider trübt.

TIPP Die Zauberhöhle ist gewöhnlich von Ostern bis Oktober geöffnet.

Die Zauberhöhle erreicht man mit der Seilbahn ab Assmannshausen, die bis zum Jagdschloss Niederwald fährt. Von dort führt ein bequemer Wanderweg in einer knappen Viertelstunde zur Zauberhöhle und weiter zur Burgruine Rossel mit einmaligem Blick auf Bingen und die Nahemündung. Eine Alternative ist die Anfahrt mit der Seilbahn aus Rüdesheim zum Niederwalddenkmal, von wo es ebenfalls einen einfachen, aber längeren Fußweg zur Zauberhöhle gibt.

Landschaftspark Niederwald, 65385 Rüdesheim am Rhein
ÖPNV: RB, Assmannshausen Bahnhof

Pflücken erlaubt!

72 *„Essbare Stadt" Andernach*

Es gibt Ideen, die zünden erst viel später. So wie die von der essbaren Stadt, die in Andernach inzwischen zur Marke geworden ist. An manchen Ecken im Stadtgebiet nämlich wachsen Obst, Gemüse, Wiesenblumen und Kräuter, die jeder ernten kann. „Pflücken erlaubt!" heißt es dort seit mehr als einem Jahrzehnt. Eine Aufforderung, die Andernachs Bürger gern annehmen. Mangold, Tomaten, Bohnen, Kopfsalat, Kartoffeln, Grünkohl, Kohlrabi, Johannisbeeren, Artischocken, Erdbeeren, Weintrauben oder Kräuter holen sie sich inzwischen von den sorgsam gepflegten Grünanlagen in der Stadt oder von den Hochbeeten in der Fußgängerzone.

Andernachs „Essbare Stadt" ist ein Modell urbaner Biodiversität. Doch was so geschwollen wissenschaftlich klingt, ist nichts anderes als das städtische Bekenntnis, freie grüne Fläche für alle Bürger ökonomisch und ökologisch zu nutzen. 2 Prozent der kommunalen Grünflächen schütten so jährlich ihr Füllhorn aus. Zeigen, dass das Leben genau betrachtet aus Säen, Wachsen und Ernten besteht. Aus einem jährlich sich erneuernden Zyklus, den zahllose Stadtkinder gar nicht mehr mitbekommen. Deshalb auch hat Andernach einen fahrbaren Schulgarten, der den Jüngsten vor Augen führt, wie vielfältig unsere Tische eigentlich gedeckt sein könnten, wenn wir uns mehr darum kümmern würden. Selbst Baulücken werden in Andernach daher gern bepflanzt.

TIPP Die essbare Stadt „lebt" vor allem in der Straße Am Stadtgraben.

Viel Geld lässt sich die Stadt das jährlich kosten. Ausgaben, die auch der Integration von Langzeitarbeitslosen zugutekommen, welche die Flächen unter Anleitung gelernter Gärtner bewirtschaften. Damit reiht sich Andernach neben Metropolen wie Rotterdam oder Oslo in den Reigen umweltbewusster Städte, die sich Biodiversität und die langfristig orientierte Pflege städtischer Freiflächen auf die Fahnen geschrieben haben. Kein Wunder, dass die Stadt für immer mehr Menschen so zum Glücksort wird.

„Essbare Stadt" Andernach, 56626 Andernach
www.andernach-tourismus.de
ÖPNV: RB, Andernach Bahnhof

Einblicke unter Wasser

73 *Im Mosellum in Koblenz*

Normalerweise bleiben einem direkte Einsichten in die Welt unter Wasser versagt. Es sei denn, man taucht oder schnorchelt. Oder es ermöglichen Kameras oder Schaufenster den Blick in die sonst verborgenen Regionen – so wie in der Staustufe Koblenz. Eine knappe halbe Stunde Fußmarsch ist die Moselschleuse von der Rheinmündung entfernt: eine Wassersperre aus einem Walzenwehr, zwei großen und einer kleinen Schleusenkammer für Motorsportler – und einem Wasserkraftwerk, das den jährlichen Strombedarf von vielen Tausend Haushalten deckt.

Mit zur Staustufe gehört auch ein kleines Museum, das kostenlos zugänglich ist. Mosellum nennt es sich, in dem man auf mehreren Ebenen einiges über Wasserkraft, Schifffahrt und die Welt unter Wasser erfährt. Es ist eine spannende Reise in Geschichte und Natur, auch wenn sie inzwischen zugegeben etwas in die Jahre gekommen ist.

Der Bau der Schleuse, die man auf einem Stahlsteg zu Fuß queren kann, war in den 1950er-Jahren der Auftakt zur Kanalisierung der Mosel. Mehr als zwei Dutzend Staustufen sind seitdem entstanden, welche aus dem Fluss eine der meistbefahrenen Wasserstraßen Europas gemacht haben. Zu den Herzstücken der Koblenzer Schleuse zählt der sogenannte Fischpass. Treppen, die Wassertieren helfen sollen, die Stauanlage zu überwinden. Fang- und Zählanlagen unterstützen die Wissenschaft, die Wanderungen von Lachsen und Aalen zu dokumentieren. Von der Dachterrasse des Museums überblickt man das Wehr am besten. Ein Aufzug verbindet sie mit dem Untergeschoss, wo man dem Treiben unter Wasser durch große Panoramafenster zusehen kann und eine Ahnung von dem bekommt, was einem sonst verborgen ist. Garantiert zum Glücksort wird das Museum, wenn einem tatsächlich einer der schwimmenden Rhein- und Moselbewohner begegnen sollte – auf Augenhöhe versteht sich!

Mosellum Koblenz, Peter-Altmeier-Ufer 1, 56068 Koblenz, Tel. (02 61) 95 23 40 30

ÖPNV: Bus 3/13 ab Koblenz Hauptbahnhof, Haltestelle Ludwig-Erhard-Straße (rund 5 Minuten Fußweg zur Moselschleuse)

Schlichte Eleganz

74 *Die Martinskirche in Lorch*

Es gibt Schmuckstücke, deren Wert sich darin zeigt, dass ihn keiner richtig einzuschätzen weiß. Dazu zählt die gotische Pfarrkirche zu Lorch. Mitten im Städtchen reckt sie sich in die Höhe, so als wolle sie jedem zeigen, was für ein Juwel sie ist. Ihren Bauherren jedenfalls war das bewusst, als sie das dem heiligen Martin geweihte Gotteshaus an eine der höchsten Stellen im Dorf setzten. Weit über dem Rhein, dessen Hochwasser ihm niemals schaden sollte.

Auf romanischen Mauerresten entstand so im Mittelalter ein Bau, der immer wieder erweitert und erneuert wurde, geprägt von Dombauleuten aus Trier und Köln. Blitzeinschläge, Dachstuhlbrände und Kriegsschäden, Probleme mit den Fundamenten und andere bauliche Wehwehchen machten die Kirche zur permanenten Baustelle, die auch heute noch viel Geld verschlingt.

Um nötige Renovierungen zu bezahlen, hätte der Pfarrer, nachdem er Altäre und mittelalterliche Kirchenfenster schon verkauft hatte, Mitte des 19. Jahrhunderts auch das eigentliche Prunkstück der Kirche verschleudert: den gotischen Hochaltar aus dem späten 15. Jahrhundert, der als eines der wertvollsten und größten deutschen Schnitzwerke gilt – auch wenn man nicht weiß, wer ihn genau geschaffen hat.

TIPP **Feinste Schnitzkunst zeigt auch das mittelalterliche Chorgestühl. Geöffnet ist von Ostern bis Oktober.**

Vielleicht war das einer der Gründe, dass man den ursprünglich monochromen Altar im Barock vergoldete und farbig fasste. Es war der Zeitgeist, der solche Aufhübschungen damals verlangte. Erst 1949 beseitigte man den Neuanstrich wieder, unter dem die schlichte Eleganz des Werkes neu zur Geltung kam und sich die vielen Heiligen, ganz oben der heilige Martin mit seinem Schwert bei der Mantelteilung, in einer Schönheit zeigten, welche der Farbanstrich Jahrhunderte verdeckt hatte. Heute jedenfalls gilt der Lorcher Hochaltar vielen als eines der eindrucksvollsten und wertvollsten Kunstwerke in deutschen Landen.

Pfarrkirche St. Martin, Markt, 65391 Lorch
ÖPNV: RB, Lorch Bahnhof

Ein barockes Gartenjuwel

75 *Der Propsteigarten in Hirzenach*

Es gibt nur wenige Plätze am Mittelrhein, die ihr ursprüngliches Flair bis heute bewahrt haben. Zu diesen Glücksorten zählt der Propsteigarten in Hirzenach, einem Vorort ganz im Süden der Stadt Boppard. Direkt hinter der Bahnlinie gelegen, fahren die meisten gewöhnlich auf der Bundesstraße auf ihrer anderen Seite an der Gartenanlage vorbei und lassen das grüne Juwel rechts oder links liegen.

Schade eigentlich, denn Hirzenachs Propsteigarten – umrahmt von einer mittelalterlichen Kirche, einer Villa mit romanischen Wurzeln und einem barocken Klostergebäude – ist eine Augenweide. Nicht groß, aber klar strukturiert. Aufgeteilt in meist quadratische Kompartimente, wie die bepflanzten Areale in barocken Gärten fachmännisch heißen. Im Zentrum steht ein Zierbrunnen, auf den die meisten Wege zulaufen. Wie schon im 17. Jahrhundert begrenzen sie beidseitig gepflegte Buchsbaumhecken.

Hirzenachs Propsteigarten ist aber nicht nur eine Augenweide, besonders vormittags, wenn ihn die Sonne ins rechte Licht rückt, sondern auch ein Stück architektonischer und gärtnerischer Kultur. Dass sich die Anlage heute ähnlich wie zu barocken Zeiten zeigt, liegt an einem Förderverein, der den Garten vor Jahren aus seinem Dornröschenschlaf weckte und die alten Beete neu belebte. Seitdem wachsen im Propsteigarten wieder Blumen, Gemüse, Obst und Beeren. In seinem hinteren und höher gelegenen Teil reifen sogar Trauben.

TIPP Der mehr als 4000 qm große Garten ist nach Anmeldung oder im Rahmen von Führungen direkt zugänglich.

Der Garten, der sich anfangs fast bis an den Rhein streckte, war Teil des mittelalterlichen Klosters Hirzenach. Im Rahmen der Säkularisation wurde es im frühen 19. Jahrhundert aufgelöst. Die Bartholomäuskirche über dem Propsteigarten, heute Pfarrkirche des Ortes, wurde im Lauf der Geschichte immer wieder aufgemöbelt. Erst bei ihrer letzten Renovierung freilich erhielt sie weitgehend ihr mittelalterliches Ansehen zurück.

Propsteigarten Hirzenach, Rheinstraße 65, 56154 Boppard-Hirzenach
ÖPNV: RB, Boppard-Hirzenach Bahnhof

Küchenkräuter

Übernachten mit Hund

76 *Das Hotel im Schulhaus in Lorch*

Im Oktober 1933 erhielt das Rheingaustädtchen Lorch ein neues Schulhaus. Mit einem großen Festzug wurde es eingeweiht. 80 Jahre später wurde aus der ehemaligen Wisper-Schule ein Hotel. Geblieben sind das inzwischen unter Denkmalschutz stehende Gebäude im Bauhausstil – und die alte Schuluhr. Ansonsten hat sich der Zeitgeist im Haus breitgemacht, sind aus den alten Klassenräumen mehr als 40 moderne Doppelzimmer geworden.

Ein bisschen Schulhausatmosphäre aber ist geblieben. So freut man sich in Lorch statt über eine Hotelbewertung über ein Zeugnis des Gastes. An manchen Wänden hängen Fotografien der einstigen Schulkinder. Und Pausenbrot heißt das Lunchpaket, das man gern für Wanderer packt. Schließlich locken ringsum interessante Wege – vom Rhein- bis zum Wispertalsteig.

Wer Rucksack oder Wanderstöcke braucht, die sind im Schulhaus zu leihen! Immer aktuelle Wetter- und Streckentipps gibt es an der Rezeption, die auch das Pflaster für eventuelle Blasen am Fuß parat hält. Gerade diese Kleinigkeiten sind es, die das Glück des Wanderers manchmal ausmachen können!

Privat geführt ist das Hotel, das sich Umweltschutz und Nachhaltigkeit auf seine Fahnen geschrieben hat. Wer drei Nächte und mehr im Schulhaus bleibt, spart mit der Go Green-Rate zudem Geld. Dann werden während des Aufenthaltes zwar die Zimmer nicht gereinigt und die Handtücher nicht gewechselt, die so gesparten Energiekosten aber bei der Endabrechnung gutgeschrieben!

Wenn immer es geht, bereichern regionale Spezialitäten wie die geräucherte Wisperforelle das Frühstücksbüffet. Es steht übrigens auch allen zur Verfügung, die nicht im Schulhaus übernachtet haben. Viel übrig hat man im alten Schulhaus für Hundehalter. So bekommt jeder Gast auf vier Pfoten einen eigenen Napf im Zimmer – und eine Kuscheldecke als Hundebett.

Hotel im Schulhaus, Schwalbacher Straße 41, 65391 Lorch am Rhein, Tel. (0 67 26) 80 71 60
www.hotel-im-schulhaus.com
ÖPNV: RB, Lorch Bahnhof

HOTEL

Brot aus dem Steinofen

77 *Das Siebengebirgsmuseum in Königswinter*

„Ein Tag ist ausreichend, die merkwürdigsten und schönsten Punkte des Siebengebirges zu sehen", notierte Ende des 19. Jahrhunderts der Baedeker, der einmal die Bibel aller Rheinreisenden war. „Der gewöhnliche Ausgangspunkt ist Königswinter." Genau dort in der Altstadt ist heute ein Museum zu Hause, das die Region um den Drachenfelsen vorstellt – auch die Esel, die noch immer zu seinem Gipfel unterwegs sind.
Die Ausstellung erzählt vor allem vom Reisen anno dazumal. Zeigt, was die Glückssucher einst in ihre Koffer packten. Anders als heute jedenfalls war man früher unterwegs. Was neuerdings das Smartphone, war früher der sogenannte Schnellfotograf. Auf dem Drachenfels bannte er die Touristen auf Platte. Bilder erzählen von einem der letzten Vertreter der Zunft, der seine Archivalien dem Museum übereignet hat. Zudem erinnern Postkarten an die Zeiten, in denen man Urlaubsgrüße noch persönlich signierte und nicht mit dem Handy verschickte.
Dokumentiert wird in Königswinter aber auch Kunst und Kultur. Und nicht verschwiegen werden die Zeiten, in denen die Baustoffindustrie die Bergkuppen des Siebengebirges total ausschlachtete – etwa für die Errichtung des Kölner Domes. Schließlich aber gingen die Landschaftsschützer auf die Barrikaden – so lange, bis man die Region unter Naturschutz stellte.
Wer mehr über den Drachenfels, seinen Mythos und seine Geschichte wissen will, ist im Siebengebirgsmuseum am richtigen Platz. Hier lernt man zu verstehen, warum Millionen Menschen an diesem Ort im Lauf der Jahrhunderte ihr Glück gesucht haben. Besonders bekannt übrigens waren die in Königswinter gefertigten Steinöfen, die als Markenprodukte sehr gefragt waren. In einem wird noch heute im Museum ab und zu Brot gebacken und anschließend verkauft. Dann wird nicht nur Aug' und Ohr, sondern auch der Gaumen des Besuchers erfreut!

TIPP Das Museum liegt versteckt in einer Seitengasse der Altstadt, die von der Straße am Rheinufer abzweigt.

Siebengebirgsmuseum, Kellerstraße 16, 53639 Königswinter, Tel. (0 22 23) 37 03
www.siebengebirgsmuseum.de
ÖPNV: Bus 521 ab Königswinter Bahnhof, Haltestelle Clemens-August-Straße

Alter Schatz in neuem Licht

78 *Der Marienberger Park in Boppard*

Was tun, wenn das Thermometer am Mittelrhein die 30-Grad-Marke übersteigt? Viele wird es ins Schwimmbad ziehen oder in die Wälder des Hunsrück und Taunus. Von dort weht oft ein kühles Lüftchen, schießt frisches Quellwasser talwärts. Davon profitiert auch Boppard, wo sich – nur 10 Fußminuten von der Altstadt entfernt – selbst im Hochsommer meist ein kühles Plätzchen findet.

Marienberger Park heißt der Glücksort. Eine Oase der Ruhe mit ein paar einladenden Bänken – und einem Bächlein, in dessen eiskaltes Rinnsal man auch gern die Füße reinhalten kann. Am meisten aber punktet der Park mit seinen haushohen Bäumen. Mit Sauerstofflieferanten verschiedenster Arten, sodass Pflanzenkundler in der Freizeitanlage sogar ein Arboretum sehen wollen: eine Sammlung exotischer Gehölze.

Lange Zeit war der Marienberger Park eines der Aushängeschilder Boppards. Die grüne Lunge der Stadt, angelegt im Stil eines englischen Landschaftsparks. 1839 hatte man sie für die rund 200 Kurgäste einer sogenannten Kaltwasserheilanstalt geschaffen. Als eine Open-Air-Kneippanlage mit Ruhezonen, die zum Kurbetrieb im Kloster Marienberg gehörte, das während der Säkularisation aufgelassen wurde.

Nach seiner Aufgabe aber geriet die Anlage in Vergessenheit – und verwilderte. Erst in den letzten Jahren wurden die alten Wege wieder frei gehauen, die Blickachsen erneuert. So rückte der alte Gartenschatz neu ins Licht! Die Perle in seiner Krone ist der Gartenteich, den noch immer frisches Quellwasser speist. Und wie aus der Zeit gefallen sind die romantischen Gitter an den über den Bach führenden Brückchen.

Am Marienberger Park startet und endet übrigens auch eine der vom Deutschen Wanderinstitut bestens bewerteten Touren: die Traumschleife Marienberg – 11,9 Kilometer lang und 636 Meter auf und ab. Über die Höhen des Hunsrück und hoch am Rhein entlang, mit einmaligen Blicken auf Burgen und die große Flussschleife.

Marienberger Park, Simmerner Straße, 56154 Boppard
ÖPNV: Bus 650 ab Koblenz Hauptbahnhof, Haltestelle Boppard Bischöfliche Realschule

Große Geschichte

79 *Das Willy-Brandt-Forum in Unkel*

Es war ein Kniefall, der mich als Twen Ende 1970 beeindruckte – und mir den Mann, der sich am Ehrenmal des Warschauer Gettos so für die deutschen Verbrechen im Zweiten Weltkrieg entschuldigte, sympathisch machte. Es war keine eingeübte Geste, mit der Willy Brandt die Welt überraschte, sondern Ausdruck spontaner Emotionalität. „Am Abgrund der deutschen Geschichte und unter der Last der Millionen Ermordeten tat ich, was Menschen tun, wenn die Sprache versagt", erklärte der Politiker und populäre Staatsmann später in einem Interview sein Verhalten.

Im Willy-Brandt-Forum in Unkel, gelegen in einer Fußgängerzone inmitten der Stadt und außer montags täglich geöffnet, leben diese und andere Szenen aus dem Leben des einstigen deutschen Bundeskanzlers weiter. Als „Bürger unter Bürgern" war der Friedensnobelpreisträger in dem Städtchen vor den Toren Bonns die letzten Jahre seines Lebens zu Hause. 1979 war er mit seiner damaligen Lebensgefährtin Brigitte Seebacher, die er später heiratete, in das rechtsrheinische Unkel gezogen, von wo aus er seine Reputation als anerkannter Staatsmann und Präsident der Sozialistischen Internationale nutzte, um Frieden in Konfliktgebieten zu stiften und Krisen zu lösen.

TIPP Jeden ersten Sonntag im Monat führen ehrenamtliche Helfer mittags durch die Ausstellung.

Fotografien, Film- und Tondokumente, persönliche Schreiben und andere Archivalien, lassen sein abwechslungsreiches Leben in der von einer Bürgerstiftung getragenen Ausstellung heute Revue passieren – Zeiten voller Höhen und Tiefen. Sie sind Zeugen einer beispiellosen Politkarriere.

Prunkstück des Museums ist Brandts einstiges Arbeitszimmer, ein kleiner Raum, in dem große Geschichte verarbeitet wurde. Im Mittelpunkt steht ein einfacher Schreibtisch, den Brigitte Seebacher nach dem Tod ihres Mannes verschenkte. An ihm brachte Brandt seine Lebenserinnerungen zu Papier. Geschichten, die man auch heute noch gern liest.

Willy-Brandt-Forum, Willy-Brandt-Platz 5, 53572 Unkel/Rhein, Tel. (0 22 24) 7 79 93 03
www.willy-brandt-forum.com

ÖPNV: Stadtbahn 66 ab Bonn/Siegburg Bahnhof, Haltestelle Bad Honnef, weiter mit Bus 565, Haltestelle Unkel

Alle Jahre wieder

80 *Der Bonner Weihnachtsmarkt*

„Alle Jahre wieder kommt das Christuskind auf die Erde nieder, wo wir Menschen sind“, heißt es im Weihnachtslied. Und alle Jahre wieder kommen auch die Weihnachtsmärkte, die inzwischen zu den Exportschlagern deutscher Gemütlichkeit gehören. Viele schöne Plätze am Mittelrhein verwandeln sich dann in kleine und große Einkaufsdörfer. So wie in Bonn, wo Mitte November rund um den Münsterplatz eine Art Schlaraffenland aus dem Boden wächst – ein temporärer Glücksort, der einen Tag vor Heiligabend wieder verschwindet.

Zugegeben: Es gibt berühmtere Weihnachtsmärkte, auch Szenerien mit größerer romantischer Kulisse. Aber Bonns Weihnachtsmarkt mit seinen über 170 Händlern ist mehr als eine Sammlung von Bratwurst- und Glühweinständen. Wer ein wirklich originelles Weihnachtsgeschenk sucht, wird im Schatten des Münsters, einem der Wahrzeichen Bonns und in den letzten Jahren ganz neu aufpoliert, sicher fündig.

Das Angebot ist groß. Weniger kitschig wie auf vielen anderen Märkten, die mit asiatischen Billigprodukten überschwemmt sind. Auf denen sich die Massen vor den Trinkhallen und Fressbuden ballen. Nein, in Bonn hat auch das Kunsthandwerk seinen Platz: vom ledernen Rucksack bis zum mundgeblasenen Christbaumschmuck, von handgeschnitzten Krippenfiguren bis zum Papierengel mit angeklebten Flügelchen. Mancher, wie der Kerzenzieher an einem der vielen Stände, demonstriert den Besuchern, was Kunsthandwerk wirklich heißt!

TIPP Der Weihnachtsmarkt startet am Freitag vor Totensonntag, an dem er noch einmal kurz geschlossen bleibt.

Für mich wird der Weg zwischen Weihnachtspyramiden und Tannenbäumen quer durch die Budenstadt, erhellt von vielen Tausend bunten Lämpchen und Lichterketten, jedes Jahr so zu einer Reise in die Kindheit, als man mit Vater und Mutter in eine Welt eintauchte, die Wärme ausstrahlte – und damit vergessen ließ, dass es Ende Dezember meist kalt und dunkel ist.

Weihnachtsmarkt in der Bonner Fußgängerzone, 53113 Bonn
www.bonnerweihnachtsmarkt.de
ÖPNV: RB, Bonn Hauptbahnhof

Bonner
MANDELHAUS
Bonner
MANDELHAUS
Ich denk nur an Dich
Weil Du einfach alles für mich bist
Auf Wolke 7 schweb ich nur mit dir
Zaubermaus ich liebe Dich
Ich schenke Dir mein Herz
Frohes Fest
Frohes Fest

Bibliografische Informationen der Deutschen Nationalbibliothek
Die Deutsche Nationalbibliothek verzeichnet diese Publikation in der Deutschen Nationalbibliografie; detaillierte bibliografische Daten sind im Internet über http://dnb.d-nb.de abrufbar.

Konzeption/Satz: Droste Verlag, Düsseldorf
Einbandgestaltung und Illustrationen: Britta Rungwerth, Düsseldorf, unter Verwendung von Bildern von © Fotolia.com: jd – photodesign.de; © iStock: Plociennik Robert
Fotos: Günter Schenk, außer:
Brohltal-Schmalspureisenbahn Betriebs-GmbH: S. 19; Ulrich Holzhausen: S. 67; Museum Boppard: S. 131; Martin Weidhaas: S. 159; www.stock.adobe.com: S. 113 @ Elisabeth; S. 129 @ Comofoto, S. 145 @ matthiasmerkel

FSC www.fsc.org MIX Papier aus verantwortungsvollen Quellen FSC® C011279

Druck und Bindung: LUC GmbH, Greven
ISBN 978-3-7700-2255-7

www.drosteverlag.de